pedagogia do movimento:

universo lúdico e psicomotricidade

Hermínia Regina Bugeste Marinho
Moacir Ávila de Matos Junior
Nei Alberto Salles Filho
Silvia Christina Madrid Finck

pedagogia do movimento:
universo lúdico e psicomotricidade

Rua Clara Vendramin, 58 . Mossunguê
CEP 81200-170 . Curitiba . PR . Brasil
Fone: (41) 2106-4170
www.intersaberes.com
editora@intersaberes.com

Conselho editorial	Dr. Alexandre Coutinho Pagliarini	1ª edição, 2012.
	Drª Elena Godoy	
	Dr. Neri dos Santos	Foi feito o depósito legal.
	Dr. Ulf Gregor Baranow	Informamos que é de inteira responsabilidade dos autores a emissão de conceitos.
Editora-chefe	Lindsay Azambuja	
Gerente editorial	Ariadne Nunes Wenger	
Assistente editorial	Daniela Viroli Pereira Pinto	
Análise de informação	Eliane Felisbino	Nenhuma parte desta publicação poderá ser reproduzida por qualquer meio ou forma sem a prévia autorização da Editora InterSaberes.
Revisão de texto	Schirley Horácio de Gois Hartmann	
Capa	Denis Kaio Tanaami	
Projeto gráfico	Bruno Palma e Silva	
Diagramação	Mauro Bruno Pinto	
Ilustrações	Estevan Gracia Gonçalves	A violação dos direitos autorais é crime estabelecido na Lei n. 9.610/1998 e punido pelo art. 184 do Código Penal.

Dados Internacionais de Catalogação na Publicação (CIP)
(Câmara Brasileira do Livro, SP, Brasil)

Pedagogia do movimento: universo lúdico e psicomotricidade / Herminia Regina Bugeste Marinho.[et al.]. – Curitiba: InterSaberes, 2012.

Outros autores: Moacir Avila de Matos Junior, Nei Alberto Salles Filho, Silvia Christina Madrid Pinck
Bibliografia.
ISBN 978-85-8212-563-2

1. Aprendizagem perceptivo-motora 2. Educação do movimento 3. Expressão corporal 4. Professores – Formação profissional 5. Psicologia do movimento I. Marinho, Herminia Regina Bugeste. II. Matos Junior, Moacir Avila de III. Salles Filho, Nei Alberto IV. Finck, Silvia Christina Madrid.

12-11427   CDD-370.15

Índice para catálogo sistemático:
1. Movimento: Psicologia educacional 370.15
2. Psicomotricidade: Psicologia educacional 370.15

sumário

Apresentação, 7

1 Discussões pertinentes à educação, 11

1.1 Perspectivas atuais na educação, 11 | 1.2 Pilares da educação, 13 | 1.3 Argumentos em prol da formação de professores, 18 | 1.4 Resiliência: repensando valores e posturas do profissional da educação, 23 | 1.5 Argumentos em prol de uma pedagogia do movimento na escola, 30 | 1.6 Sobre aprender: uma visão holística da educação, 36 | 1.7 Sobre uma visão amorosa da educação, 40 | 1.8 Sobre uma visão integral da educação, 43

2 Educação psicomotora, 55

2.1 Aspectos históricos da psicomotricidade, 55 | 2.2 Fundamentos da psicomotricidade, 57 | 2.3 Desenvolvimento psicomotor, 64 | 2.4 Avaliação psicomotora, 69 | 2.5 Possibilidades na escola, 71

3 O universo do lúdico, 81

3.1 Considerações sobre o lúdico e a educação, 81 | 3.2 A ludicidade na prática docente, 83 | 3.3 Alguns conceitos: jogo, brincadeira e brinquedo, 89 | 3.4 A importância da vivência lúdica no desenvolvimento da criança, 91 | 3.5 Características do jogo, 93 | 3.6 O jogo como recurso didático na educação infantil e nas séries iniciais do ensino fundamental, 94 | 3.7 Jogos cooperativos, 100

Considerações finais, 111
Referências, 115
Sobre os autores, 121

apresentação

Este livro tem por objetivo oferecer àqueles que já atuam como profissionais da educação subsídios para discussão sobre questões relevantes no âmbito da pedagogia do movimento – o universo lúdico e a psicomotricidade –, aspectos importantes na educação infantil e no prosseguimento da educação básica.

Nossa opção primeira foi apresentar, de forma contextualizada, temas pertinentes à educação e à formação de professores frente às situações emergentes do século XXI, enfocando o desafio pautado nos pilares da educação mencionados pelo Relatório Delors*, os quais subsidiam todo e qualquer processo educativo.

Num olhar de curiosidade voltado à educação, sugerimos também algumas leituras para fortalecimento da formação profissional,

---

* DELORS, J. et al. *Educação*: um tesouro a descobrir. 2. ed. São Paulo: Cortez; Brasília, DF: MEC: Unesco, 1999. Esta obra faz referência às ideias presentes no Relatório Jacques Delors, cuja elaboração teve início em março de 1993 e conclusão em setembro de 1996. Esse material foi produzido para a Comissão Internacional sobre a Educação para o Século XXI, United Nations Educational Scientific and Cultural Organization – Unesco. Para a sua elaboração, procedeu-se a um exercício de reflexão, identificando-se tendências e auscultando-se necessidades no cenário de incertezas e hesitações que se apresentam. No Relatório são defendidas teses relativas a todos os níveis de ensino, da educação básica à universidade, os quais devem estar voltados essencialmente para o desenvolvimento humano.

as quais oferecem importantes subsídios às discussões ao longo dos capítulos. Entre os temas tratados, destacamos a resiliência, a reflexão sobre uma pedagogia do movimento possível na escola e a visão holística na educação, que remete à integração e à totalidade do pensamento e da vivência da ação humana. Propomos outro olhar sobre uma visão amorosa da educação, que não significa abraçar uma proposta salvadora, mas, sim, estabelecer um caminho em que seja possível, a partir de reflexões, ampliar horizontes e análises, chegando a uma concepção de educação integral, na qual o corpo é elemento fundamental, que possibilita novos olhares e pensamentos sobre pessoas, relações humanas, aprendizagem significativa, valores humanos, solidariedade e sociedade global.

Quanto à educação psicomotora, são abordados os aspectos históricos, a fundamentação teórica, o desenvolvimento motor, a avaliação psicomotora, subsidiando a efetivação dessa proposta na escola.

O universo lúdico, um dos temas tratados com ênfase neste livro, é analisado no que respeita à sua presença na prática docente, sendo considerados os conceitos de jogo, brincadeira, brinquedo e atividade lúdica. Enfocamos também a importância da vivência lúdica no desenvolvimento da criança, enfatizando o jogo como recurso didático na educação infantil e nas séries iniciais e apontando os jogos cooperativos como possibilidade metodológica de trabalho.

Na elaboração desta obra, optamos por ilustrar as questões abordadas por meio da apresentação de casos de ensino, a fim de aproximar os aspectos teóricos ao dia a dia da escola. Eles retratam não apenas nossas vivências e experiências como docentes, tanto na educação infantil como na educação básica, mas também o conhecimento proveniente da prática de outros educadores que conosco colaboraram.

Esperamos que nosso trabalho possa contribuir para o enriquecimento da formação profissional, especialmente de docentes, não apenas como leitura e reflexão, mas principalmente como ponto de partida para traçar novas perspectivas à ação pedagógica.

capítulo 1

Discussões pertinentes à educação

Vamos conversar um pouco sobre educação, expondo algumas ideias e pensamentos do grupo de trabalho formado por professores de educação física a que pertencemos. Para além de nossa formação acadêmica, preocupamo-nos com os caminhos percorridos pela educação no emaranhado de revoluções científicas, tecnológicas, sociais e educacionais observados na sociedade atual.

1.1 Perspectivas atuais na educação[*]

A educação, em sua essência, é a formação do homem pela sociedade, na qual todos educam a todos permanentemente. No entanto, o que está para ser desvendado na educação é o caminho da transformação da forma de ver, conceber e entender as mudanças sociais, políticas, culturais e econômicas, que nos afetam direta e indiretamente. O desafio é encontrar o caminho da reconciliação e da superação das divergências impostas por tais mudanças.

Todavia, é preciso muita cautela e coragem para atravessar esse novo percurso. É necessário ousar, descobrir e investir nessa educação que por momentos se torna obscura pela nossa miopia e, às vezes, tão clara que a visão se turva frente a seu verdadeiro sentido.

Estimular as discussões, os debates entre as novas gerações de

---

[*] Condensação do primeiro capítulo da dissertação de MARINHO, 2001.

professores e alunos é necessário e imprescindível, respeitando-se a livre circulação de ideias em um contexto no qual todos, ocupando o mesmo espaço, possam construir saberes pela divergência e pela contradição.

Interessante saber também que a educação não se restringe, hoje, ao saber limitado do professor frente aos seus alunos, aos muros escolares, às quatro paredes da sala de aula, aos quatro cantos da quadra poliesportiva, às raias da pista de corrida ou das piscinas, às linhas demarcatórias do campo de futebol, ao seu próprio tempo neste início de século. Ela se depara frente a frente com a maior das revoluções – a sociedade de informação*, que não pode ser negada, pois se constitui em um "elemento essencial para a compreensão da nossa modernidade [...]" (Delors, 1998, p. 64).

A necessidade, hoje, de formarmos/educarmos indivíduos com competências mais aprimoradas em suas diferentes áreas de atuação/formação é a marca da revolução. Nesse contexto, a formação de professores passa pelo viés da articulação entre o saber e o saber-fazer – formação permanente –, da evolução e da adaptação às inovações e às transformações.

Ser timoneiro neste mar agitado – educação – não é tarefa fácil, mas não podemos ficar à deriva ou flutuar tal qual um *iceberg* com as simples informações adquiridas nos bancos escolares no início de nossas vidas. Tais informações devem ser constantemente analisadas, reavaliadas, reabastecidas e readaptadas diante das constantes mudanças do mundo contemporâneo.

Com tal pensamento, apontamos quatro pontos fundamentais que foram intitulados *os quatro pilares da educação*, segundo Delors (1998), os quais, ao mesmo tempo em que se apresentam separadamente, constituem-se em apenas um, como uma teia, haja vista o seu

---

* Assmann também faz referência a esse conceito como **sociedade do conhecimento** e **sociedade aprendente**.

inter-relacionamento e o seu mútuo comprometimento: **aprender a conhecer**, **aprender a fazer**, **aprender a viver juntos** e **aprender a ser**.

1.2 Pilares da educação[*]

Há muito tempo, a educação formal esteve centrada basicamente no **aprender a conhecer** – aspecto cognitivo, conhecimento clássico sem aprofundamentos maiores quanto à sua relevância – e, em alguns momentos (raros), esse pilar foi combinado ao **aprender a fazer** – aspecto procedimental, instrumental, o simples ato de fazer mecanizado, sem questionamentos sobre sua validade.

Partindo-se dessa constatação e caminhando "para uma nova concepção ampliada de Educação" (Delors, 1998, p. 90), em que a premissa principal se torna "descobrir, reanimar e fortalecer o seu potencial criativo – revelar o tesouro escondido em cada um de nós" (Delors, 1998, p. 90), a educação passa da simples visão instrumental e técnica do apenas **saber fazer** para uma visão de luz, de valores, reflexiva e crítica – o **aprender a ser**.

Lembramos que em educação não devemos esperar acontecer; compete aos profissionais dessa área fazer acontecer. Nesse sentido, consideramos ainda as palavras de Demo (1997, p. 130), quando afirma: "Educação encontra no ensinar e no aprender apenas apoios instrumentais, pois realiza-se de direito e de fato no aprender a aprender". Assmann (1998, p. 35-40) também aborda alguns pontos interessantes: "ignoramos ainda muita coisa sobre o que é aprender [...] nossos sentidos não são janelas, mas interlocutores do mundo [...] o sistema inteiro se modifica ao aprender [...]".

Desse modo, não podemos supostamente, enquanto seres vivos, aprender coisas, amontoá-las ou empilhá-las em nosso cérebro como se este fosse um compartimento ou simples gavetas de conhecimentos;

---

[*] Condensação do primeiro capítulo da dissertação de MARINHO, 2001.

é na medida em que acrescentamos algo novo ao conhecimento já adquirido que podemos dizer que aprendemos. Ou seja, novos caminhos estão abertos para continuarmos experienciando os desafios propostos e até mesmo impostos pela sociedade.

Para melhor entendimento dos pilares da educação apontados no Relatório Delors, propomos a seguir uma análise objetiva de cada um deles (Delors, 1998, p. 89-103).

Aprender a conhecer

Trata-se do pilar de sustentação. O homem precisa conhecer primeiro a si próprio, depois gradativamente o mundo que o cerca para que possa viver com dignidade e prazer; deve permitir-se à curiosidade, ao senso crítico, tendo liberdade/autonomia em suas decisões diante do mundo. Dessa forma, o acesso às ciências e à cultura geral é imprescindível a todos, abrindo caminhos para outras leituras e conhecimentos. Portanto, se nos detivermos apenas na especificidade de nossos trabalhos como especialistas de um conhecimento único, com certeza o desinteresse e a desinformação ocorrerão. Aprender a aprender alia pensamento com a atenção aguçada. Na era informacional, as mudanças ocorrem a cada segundo e, se estivermos "ligados/plugados/antenados/conectados", poderemos tirar no momento certo o máximo de proveito das informações recebidas (processar e selecionar), quer seja para o momento atual, quer seja para o futuro próximo, pois "o processo de aprendizagem do conhecimento nunca está acabado, e pode enriquecer-se com qualquer experiência" (Delors, 1998, p. 92), isto é, é necessário dominar os instrumentos do conhecimento.

Aprender a fazer

Este pilar está intimamente ligado ao aprender a conhecer. Aprender a fazer nos remete especificamente à "formação profissional: como ensinar o aluno a pôr em prática os seus conhecimentos e, também, como adaptar a educação ao trabalho futuro quando não se pode prever qual será a sua evolução?" (Delors, 1998, p. 93). Isso pressupõe que o aprender a fazer vai além do simples instrumentalizar ou preparar alguém para uma tarefa predeterminada, rotineira; aprender a fazer hoje, no limiar do terceiro milênio, acentua a capacidade de transformar e inovar o conhecimento adquirido. Portanto, podemos dizer que o indivíduo "trabalhador" deve se apresentar com competência, aliando sua formação profissional a outras exigências, como aptidão para o trabalho em equipe, capacidade de iniciativa e, em contrapartida, capacidade de comunicar-se e resolver conflitos, transformando alternativas em soluções e utopias em realidades.

Aprender a viver juntos

Aprender a viver com os outros – esse é o maior desafio da educação hoje. Ao longo do século XX, a humanidade teve sua passagem marcada pela autodestruição, tornando-se espectadora impotente e, ao mesmo tempo, assídua dos conflitos. Nesse contexto encontramos a concorrência nos campos econômico (pobres e ricos) e educacional (escolas públicas e particulares), bem como nos grupos étnicos, culturais, sociais e religiosos. A educação deveria ser a grande mobilizadora para evitar tais conflitos, mas torna-se incapaz disso, mesmo promovendo o desenvolvimento da ciência, da cultura e até mesmo programas sociais para controlar e combater a violência em sua forma mais ampla, em projetos comuns, os quais podem "constituir uma referência para a vida futura na busca de possíveis soluções ou para amenizar os conflitos existentes e talvez para aprendermos a viver uns com os outros" (Delors, 1998, p. 97).

Evidenciamos duas propostas para a educação: a descoberta progressiva do outro e a participação em projetos comuns. A primeira via, a descoberta do outro, revela a missão da educação, que é "transmitir conhecimentos sobre a diversidade da espécie humana" (Delors, 1998, p. 97) e, em segundo lugar, "levar as pessoas a tomar consciência das semelhanças e da interdependência entre todos os seres humanos do planeta" (Delors, 1998, p. 97).

A escola enquanto organização – educação formal – esquece-se por algum tempo de fornecer essa dupla aprendizagem, mas nunca é tarde para reincorporar tais conceitos interdisciplinares e aflorar a curiosidade, a necessidade de conviver, de compreender o outro em suas ações e reações e de saber enfrentar as tensões entre as pessoas, os grupos e as nações. Nesse contexto, torna-se inevitável o confronto de ideias através da comunicação, do diálogo: a troca de argumentos é uma das ferramentas indispensáveis à educação. Essa é a posição que, podemos dizer, reflete a escola enquanto instituição.

A segunda via – a participação em projetos comuns – aponta para o trabalho coletivo, de forma que o individual seja ultrapassado pelos objetivos comuns do grande grupo. A prática do desporto representa claramente o esforço coletivo pelo objetivo comum. Aponta ainda que a educação formal, direcionada para o trabalho, deve reservar espaços para a educação informal, para o não trabalho, isto é, para programas de atividades culturais, recreativas, esportivas, sociais e de lazer (programas que valorizem o bem-estar físico, mental, social e cultural dos indivíduos), estimulando crianças, jovens, adultos e idosos à participação, bem como oportunizando aos professores o envolvimento, "enriquecendo assim as relações entre professor/aluno" (Delors, 1998, p. 99) e comunidades. Isso se constitui em uma habilidade fundamental a ser desenvolvida, na qual se exige cooperação e solidariedade, como nos aponta Marcovitch (1998, p. 177): "viver com o outro, por mais diferente que ele seja".

Aprender a ser

É um dos pontos fundamentais. "A educação deve contribuir para o desenvolvimento total da pessoa – espírito e corpo, inteligência, sentido estético, responsabilidade pessoal, espiritualidade" (Delors, 1998, p. 99). A educação deve proporcionar ao ser humano condições suficientes para que possa elaborar pensamentos críticos e, simultaneamente, formular os seus próprios juízos de valor, podendo decidir seus destinos com autonomia, em diferentes momentos da vida. Mais do que preparar jovens para o futuro, a educação deve fornecer-lhes referências intelectuais para que dêem conta de compreender o mundo com liberdade e discernimento, ao mesmo tempo em que usem de sentimento e imaginação para desenvolver seus talentos, contribuindo, dessa forma, para um mundo melhor.

Leitor, se você estiver atuando na área pedagógica, pense, reflita e discuta com seus pares na sua escola a respeito das seguintes questões: Como estamos encarando essas premissas apontadas no item 1.2 – nós concordamos com elas, a negamos ou não fazem a menor diferença na sala de aula? Continuamos a levar o barco sem uma direção definida, sem o seu timoneiro? Afinal, qual rumo tomar?

Nesse sentido, os Parâmetros Curriculares Nacionais (PCN) nos indicam algumas reflexões que devem ser consideradas e estão relacionadas a uma concepção ampliada de educação, apontada no Relatório Delors (Brasil, 1998, p. 16-17). Entre elas, destacam-se: a necessidade de que a cidadania seja exercida; o desenvolvimento da autonomia sem perder de vista o individual e o coletivo; o uso das novas tecnologias para o bem comum; a razão e a emoção devem caminhar lado a lado; os valores morais/espirituais devem servir como suportes de todas as discussões nos âmbitos educacionais e, principalmente, "que a educação trabalhe a formação ética [...] promovendo discussões sobre a dignidade do ser humano, igualdade de direitos, recusa categórica de formas de discriminação, importância da solidariedade e observância das leis" (Brasil, 1998). Todas essas indicações estão respaldadas nos quatro pilares apresentados anteriormente, estando também expressos nos PCN.

Assim, a partir de Delors (1998, p. 105), entendemos que "A Educação ao longo de toda a vida torna-se [...] o meio de chegar a um equilíbrio mais perfeito entre trabalho e aprendizagem bem como ao exercício de uma cidadania ativa". Entendemos, ainda, que aprender ao longo de toda a vida depende dos interesses e das necessidades do indivíduo, bem como da sua participação na vida da comunidade. Por consequência, de simples coadjuvante/figurante do processo, ele, o aluno, passa a ser ator principal, produzindo e transformando espaços alternativos a partir de suas necessidades (aspirações) e interesses (sonhos) na sociedade educativa.

Neste universo do aprender, professor e aluno se tornam parceiros. Para tanto, é fundamental que a formação dos educadores se constitua no suporte necessário para os encaminhamentos do processo de ensino-aprendizagem, que deve ser perene.

Então, leitor, quando pensamos numa forma de intervenção no trabalho com educadores, tanto na formação inicial quanto na continuada, torna-se necessário argumentar quanto aos objetivos do trabalho, bem como refletir sobre o processo de sua formação inicial e sobre as transformações sociais. É isso que faremos a partir de agora.

1.3 Argumentos em prol da formação de professores

Nos últimos anos, a formação de professores tem sido observada sob um ponto de vista ampliado. A superação da ideia de "reciclagem" deu espaço a uma proposta de formação continuada, que pressupõe o desenvolvimento profissional ao longo do ciclo de trabalho docente. Essa perspectiva fez com que o universo educacional, particularmente na década final do século XX e no início do século XXI, tenha sido marcado pelo grande avanço teórico sobre a educação em todas as dimensões: conceitual, metodológica e, sobretudo, a referente às relações humanas e sociais que se estabelecem nas escolas.

Atualmente, discutem-se muito duas possibilidades para a

formação de professores, a inicial e a contínua ou em serviço. A **formação inicial** do professor frequentemente se dá na graduação universitária, nos cursos de licenciatura. Já a **formação contínua** é a que permite ao professor uma constante constituição docente, sendo responsável por desenvolver suas competências pedagógicas. Segundo Ribas (2000), ela ocorre ao longo de toda a vida.

Supondo que a formação inicial de qualidade confira ao professor subsídios para uma boa e permanente formação continuada, levantamos algumas questões reflexivas sobre o tema. Iniciamos questionando a formação docente numa perspectiva positivista, na qual o professor era visto como mero instrutor e as relações humanas eram limitadas à formalidade, dando forma ao paradigma da racionalidade técnica, que pressupõe a solução de problemas mediante a aplicação rigorosa de teorias e técnicas científicas. Isso ocasiona a separação entre teoria e prática.

O paradigma racional técnico mostrou-se incapaz de propiciar ao professor o preparo de que ele necessita para enfrentar a complexidade dos fenômenos educacionais. Tal preparação requer uma profissionalização que lhe dê instrumentos analíticos para gerir situações problemáticas e dilemas que se configuram no dia a dia da sua atividade em sala de aula.

Assim, muitos são os desafios que se colocam hoje para a formação de professores. Entre eles, destacamos: as mudanças nas leis que regem o ensino nos diferentes graus; as novas concepções de educação que passam por discussões teóricas e não chegam à escola; as teorias sobre o desenvolvimento e a aprendizagem dos alunos; o impacto da tecnologia da informação e das comunicações sobre o processo de ensino-aprendizagem.

Frente aos desafios colocados, surgem novas exigências ao papel docente, como:

a necessidade de um professor como mediador do conhecimento e não detentor do poder; o respeito pelo desenvolvimento de cada aluno no processo de ensino-aprendizagem; o atendimento à diversidade dos alunos que chegam à escola; o incentivo ao enriquecimento curricular; a elaboração e execução de projetos; a utilização de novas metodologias e estratégias de ensino, bem como, novos materiais de apoio; o desenvolvimento da capacidade de trabalho em equipe. (Ribas, 2000, p. 23)

Enfim, o professor não pode ser mais aquele profissional "consumidor" de teorias. Ele deve utilizá-las para criar, a partir dos referenciais teóricos, a sua própria teoria pedagógica. Assim, os modelos de formação precisam ser revistos para que possam atender aos desafios colocados perante os professores.

Gatti (1992) evidencia duas questões importantes relacionadas à formação docente: as dificuldades de articulação entre os componentes das áreas específicas do conhecimento e os demais profissionais da área pedagógica (pois entende que a formação do professor requer suporte integrado dessas duas dimensões) e a questão da identidade profissional do licenciado, problemática expressa pela autora por meio da analogia com "pingente pendurado em duas canoas", isto é, o professor não sabe se será especialista da educação nas áreas sociológica ou filosófica, consumidor de teorias ou ainda especialista em métodos e técnicas de ensino.

No entendimento de Ribas (2000), existem princípios que podem nortear uma possível renovação na formação dos professores. Entre eles estão: a competência para viver de forma intensa os diferentes espaços educacionais como cogestor, e não apenas como espectador dos acontecimentos no interior da escola; a necessidade de uma nova concepção de aprendizagem e, mais do que tudo, a competência para abraçar os novos e incontáveis desafios que o processo de ensino coloca nos dias atuais.

É importante também que o professor saiba contextualizar o ensino. Ensinar quem? Para quê? Essas são questões que devem estar passando constantemente pela mente do professor. O enfoque epistemológico deve permear, de forma clara, sua prática, levando-o à construção do seu próprio conhecimento.

A escola que esperamos não é aquela que educa segundo valores da classe economicamente dominante, e sim aquela que prepara sujeitos capazes de conviver e administrar os valores e os acontecimentos modernos, em meio a tantas mudanças de ordem social, política, econômica e filosófica.

Como o sujeito não se faz no individual, mas nas relações sociais, sua educação é necessária para capacitá-lo a construir o seu próprio conhecimento e a acessar o conhecimento produzido ao longo dos tempos. Assim, ela também deve acompanhar as mudanças e acontecimentos em relação ao conhecimento.

> *Sabemos que a escola perante a crise que a sociedade está enfrentando, não foge da necessidade de mudança. Os professores enfrentam uma crise de identidade e autonomia que não será fácil de ser superada a não ser com uma mudança de postura perante o papel da escola na sociedade. A escola deixou de cumprir com as suas atribuições para dar conta de tarefas assistencialistas, colocando de lado o conhecimento. Há também uma fragmentação do ensino cada vez maior perdendo-se de vista o que se pretende formar - o cidadão, o ser humano, completo, humanizado, impregnado de valores e conhecimento. O conhecimento que se encontra hoje nas escolas está estagnado, contudo, o conhecimento é um processo de representação do real, construído socialmente ao longo da história e pela cultura dos diferentes povos.* (Ribas, 2000, p. 28)

As soluções em relação aos problemas da formação de professores não estão apenas na formação inicial, sendo esta apenas a primeira etapa desse processo, que irá completar-se ao longo de sua vida. A formação contínua por si só também não dá conta de formar o profissional completo, é preciso propiciar-lhe o mínimo de dignidade para exercer a profissão de maneira satisfatória. A capacitação dos professores deve libertar-se do modelo da racionalidade técnica, partindo de problemas cotidianos que eles enfrentam, contextualizando-os e fazendo com que reflitam sobre a sua própria ação. O que temos claro é que a escola não pode continuar como está.

Quando discutimos a formação contínua, entendemos que o profissional de qualquer área de atuação, e especificamente da área de formação de professores, não se constituirá em um bom profissional se contar apenas com o curso de graduação. Temos claro que o conhecimento é algo inacabado e que o adquirimos ao longo de toda uma vida.

Para dar conta da complexidade do ensino, o professor deve selecionar o que é melhor para a sua prática, tomando cuidado com os modismos da educação. Por meio de uma prática reflexiva, ele é capaz de atender às necessidades da escola e às suas próprias enquanto educador. O professor que reflete sobre a sua prática constrói conhecimento e trabalha de forma coletiva.

A competência esperada do professor só é gerada através de uma reflexão profunda e significativa sobre a sua prática, pois ser competente é uma questão de reflexão e refletir é uma questão de competência. Para que essa competência se efetive, são necessários espaços de reflexão e discussão coletiva acerca da prática e do reflexo desta sobre a escola, a comunidade e o aluno que está formando. Esse espaço deve ser discutido e conquistado dentro do projeto político-pedagógico das escolas.

Para Alarcão (1998), refletir é algo além da rotina, é algo mais elaborado; vai além da prática, recaindo sobre si mesmo. A reflexão do professor é diferente daquela que é feita pelo aluno devido à maturidade que o docente já deve ter alcançado. Ser reflexivo é ter capacidade de: observar, descrever, analisar, confrontar, interpretar e avaliar.

Nessa breve contextualização, observamos a problemática na formação inicial e contínua de professores. Percebemos que, cada vez mais, são exigidas mais competências por parte do professor. Por outro lado, vemos muitas vezes, tanto na formação inicial como na contínua, uma grande preocupação dos professores e dos alunos dos cursos de licenciatura em relação ao excesso de expectativas e tarefas que acabam sob sua responsabilidade. Dessa forma, ao lado de todo discurso de profissionalização do professor, caminha uma certa desilusão, frente a uma realidade difícil, permeada pelas dimensões sociais, políticas e econômicas características da sociedade brasileira.

Desse quadro de contradição entre teoria e prática na formação de professores é que emerge o conceito de resiliência, que pretende ser um elemento positivo de sensibilização, atenção e conhecimento para o professor enfrentar satisfatoriamente os problemas que surgem ao longo de sua caminhada como educador.

1.4 Resiliência: repensando valores e posturas do profissional da educação

Como observamos, o panorama educacional brasileiro, particularmente nas duas últimas décadas, tem sido marcado pelo avanço teórico no que se refere às relações humanas e sociais que se estabelecem nas escolas e às possibilidades de se superarem os problemas dessa natureza.

Em linhas gerais, o problema é a dificuldade que os profissionais da educação têm de relacionar-se com seus pares. São situações desfavoráveis do cotidiano escolar, que acabam por construir posturas rígidas, as quais muitas vezes geram conflitos, descaso ou a mera aceitação de qualquer forma de imposição externa.

Com frequência, vemos muitos profissionais da educação que, devido a essa postura, acabam potencializando situações de desrespeito pessoal e profissional para com seus colegas ou, ainda, não se comprometem com o trabalho, tanto na dimensão individual quanto na coletiva. Ainda existem outros que acabam caminhando em outra direção, observando-se que, para evitarem as brigas e não serem chamados de "displicentes", não questionam as normas ou ordens muitas vezes impostas ou sem sentido.

Nesse quadro de enfraquecimento de relações humanas positivas, entendemos ser preciso esclarecer que a sociedade atual tem contribuído de maneira decisiva para os comportamentos descritos, praticamente relegando temas fundamentais, como solidariedade, cooperação, participação e crescimento pessoal e coletivo, ao universo da utopia ou da pura ingenuidade. Para pensar nessas questões, apoiamo-nos nas ideias sobre **resiliência**. Embora já existam publicações sobre o tema, tanto na literatura internacional quanto nacional, o termo ainda não tem sido muito explorado em relação à educação.

Resiliência é a capacidade de responder de forma mais consistente aos desafios e dificuldades, de reagir com flexibilidade e capacidade de recuperação diante desses desafios e circunstâncias desfavoráveis, tendo uma atitude otimista, positiva e perseverante e mantendo um equilíbrio dinâmico durante e após os embates – uma característica de personalidade que, ativada e desenvolvida, possibilita ao sujeito superar-se e às pressões de seu mundo, desenvolver um autoconceito realista, autoconfiança e um senso de autoproteção que não desconsidera a abertura ao novo, à mudança, ao outro e à realidade subjacente. (Tavares, 2001, p. 29)

Nessa perspectiva, o autor citado (Tavares) explica que a palavra resiliência é muito utilizada na física para referir-se à capacidade de tensão, pressão e deformação não permanente dos materiais, como molas, que, após a tensão, retornam à posição inicial. Outro exemplo são as pontes, que, sofrendo deformações momentâneas devido ao tráfego intenso de veículos, adaptam-se, ajustam-se e resistem ao impacto sem ceder ou quebrar, voltando ao equilíbrio.

Nos anos de 1980, a partir da analogia com a física, o conceito de resiliência passa a ser pensado na psicologia, na qual é utilizada uma metáfora para dizer que o indivíduo, submetido a situações de risco, estresse e experiências adversas (deformações momentâneas), ajusta-se e adapta-se positivamente, mantendo-se no foco de suas ações/intenções. Assim, literalmente, ser resiliente é manter o equilíbrio após os impactos da vida.

Para nossa análise, vamos tomar como exemplo a sociedade brasileira, considerada como uma realidade muito difícil, com inúmeros problemas e na qual muitas pessoas acabam desenvolvendo defesas psicológicas. Uma delas, por exemplo, é culpar a todos pelo seu fracasso – a globalização, o presidente do país, o patrão etc. Outra forma de preservar-se é a participação em grupos positivos ou negativos (religiosos, gangues etc.), que, de maneira geral, são formas de resiliência.

Na educação, especificamente na formação de professores, essa discussão sobre resiliência pode ser bem explorada, pois muitas vezes vemos, tanto na formação inicial quanto na contínua, profissionais sem disposição para enfrentar realidades adversas nas escolas. Com isso, acabam prejudicados em sua autoestima e, consequentemente, perdendo o foco de suas ações na escola.

Na contramão desse desânimo e desse fatalismo, existem muitos profissionais da educação que, apesar de todas as dificuldades encontradas, mantêm seu caminho e continuam acreditando, buscando, lutando para que os objetivos educacionais sejam alcançados, isto é, mesmo considerando as adversidades, mantêm o foco na educação de qualidade.

É nesse contexto que o conceito de resiliência deve ser desenvolvido, porque uma pessoa resiliente não é apenas aquela que resiste de qualquer forma às adversidades, mas, sim, a que resiste e mantém um padrão positivo na resistência, ou seja, a pessoa que, passando por situações difíceis, consegue ampliar seus horizontes e caminhar com autonomia de pensamento e ação.

Ainda nesse caminho, segundo Ruegg, citado por Tavares (2001, p. 34), a resiliência deve ser vista como "uma qualidade de resistência e perseverança da pessoa humana face às dificuldades que encontra e mostra a evolução do conceito – das realidades materiais, físicas e biológicas, para as realidades imateriais ou espirituais". Com isso entendemos que os seres humanos têm capacidade de adaptar-se não de maneira meramente passiva, mas construindo novas formas de relação, baseadas na verdade, na cooperação, na solidariedade, enfim, relações com mais qualidade, na medida em que se ajustam às pressões e às dificuldades cotidianas.

> *A intenção é que esta qualidade não ocorra como um mecanismo de defesa, mas sim com o objetivo de educar, repensar atitudes, para a formação de sujeitos e grupos sociais mais resilientes. Os conceitos de autoestima e auto-conceito, as diferentes dimensões da pessoa – ser, estar, ter, poder, querer – são aspectos essenciais, uma vez que o desenvolvimento de capacidades de resiliência passa pela mobilização e ativação dessas dimensões.* (Tavares, 2001, p. 37)

Pelos argumentos elencados por Tavares, a ideia da resiliência adquire significado fundamental para professores, uma vez que atuam cotidianamente com a diversidade, com a sociodiversidade, num contexto em que as diferenças são inevitáveis e ao mesmo tempo desejáveis. Porém, essas divergências entre alunos, professores, pais, funcionários e comunidade em geral são consideradas como elementos difíceis de administrar. Essa situação muitas vezes leva o professor a direcionar o foco na racionalidade técnica, entendendo que a instrução e os mecanismos de "transmissão" de conteúdos são os aspectos mais importantes da educação, mais ainda que as interações humanas e sociais.

Como vemos, apenas falar sobre "pessoas melhores e mais tolerantes" (no sentido "romântico") não tem mudado muito a perspectiva dos professores. É preciso, sim, efetivamente pensar e repensar atitudes, valores e possibilidades de melhorar o cotidiano por meio de atitudes concretas, reconhecendo as adversidades, porém encontrando nelas as possibilidades, como caminhos fundamentais para a educação.

Aprofundando essas questões, podemos supor ainda que, para os profissionais da educação, existe um percurso a ser trilhado, especialmente na dimensão de melhoria individual, na qual novas perguntas surgem ao longo da formação inicial e contínua: O que eu quero ser?

Quero estar na educação mesmo? O que eu quero ter na vida? O que eu posso ter? O que eu realmente quero na minha vida? Junto a essas questões outra se coloca: será que eu tenho vontade e perfil para as coisas que venho fazendo?

É aqui que outro aspecto toma importância: a ampliação do conceito de resiliência para as organizações (em nosso caso as escolas), nas quais, de acordo com Tavares (2001, p. 37), estariam presentes os **atributos da pessoa resiliente**: maior flexibilidade nas situações; maior abertura e disponibilidade para com os outros; maior grau de liberdade, autonomia e responsabilidade, ou seja, tornar-se o "ator principal" de sua prática de vida pessoal e profissional; maior tolerância e solidariedade, pensando em caminhar sempre com "os outros". A soma dessas percepções levaria a uma organização que enfrentaria melhor as adversidades e, no caso específico da escola, a uma instituição mais atenta à sua realidade, às suas dificuldades, mas olhando incondicionalmente para a superação delas!

Como vemos, o discurso educacional é recheado das palavras que acabamos de citar, mas muitas vezes parecem figurar apenas nos documentos oficiais ou na redação dos projetos pedagógicos das escolas. A prática desses valores se perde em meio ao emaranhado burocrático e nos hábitos cotidianos competitivos, intolerantes e dependentes que muitas vezes se reproduzem na educação.

Buscando sintetizar os argumentos até aqui explicitados, apontamos mais algumas ideias sobre a resiliência:

> *Tal como em outras muitas noções, também a de resiliência evoluiu do concreto para o abstracto, das realidades materiais, físicas e biológicas para as realidades imateriais ou espirituais [...]. Em termos comparativos, podemos dizer que, nas ciências dos materiais, resiliência é a qualidade de resistência de um material ao choque com o objetivo de produzir ligas mais flexíveis, leves e consistentes. Em medicina, resiliência seria a capacidade de um sujeito resistir a uma doença por si próprio ou com a ajuda de medicamentos [...]. Ser resiliente, para o homem da sociedade*

emergente, **seria desenvolver capacidades físicas ou fisiológicas conducentes a determinados níveis de "endurance" física, biológica ou psicológica e até a uma certa imunidade que lhe possibilite a aquisição de novas competências de ação que lhe permita adaptar-se melhor a uma realidade cada vez mais imprevisível e agir adequada e rapidamente sobre ela, resolvendo os problemas que esta lhe coloca.** (Tavares, 2001, p. 45, grifo nosso)

Assim, percebemos em Tavares (2001) que a resiliência na educação remete à capacidade que as pessoas têm, tanto individualmente quanto em grupo, de resistir a situações difíceis sem perder seu equilíbrio inicial, isto é, a capacidade de ajustar-se constantemente de maneira positiva. Isso quer dizer resistir às pressões do cotidiano escolar, mantendo o foco nos objetivos principais do trabalho e da escola. Essa capacidade pode ser fortalecida com o desenvolvimento do autoconceito e da autoestima da pessoa. Além disso, algumas vezes a dimensão espiritual como abertura à esperança também contribui nesse fortalecimento, o que constitui um ponto de extrema importância para reflexão.

Se a resiliência se constrói em grande medida pela dimensão da autoestima, do autoconceito e pela religiosidade, aqui cabe uma questão que nos parece central: por que esses aspectos têm sido tão pouco tratados na formação de professores? Ou por que, quando são levantados, parecem figurar como "assuntos menores"?

O objetivo maior de nossa discussão não é propor que o professor se torne "bonzinho" no sentido de "passivo e conformado", mas, sim, que seja seguro, justo, pacífico e menos violento nas suas relações cotidianas. Espera-se principalmente, como já foi observado, que seja protagonista de sua vida pessoal e profissional.

O desenvolvimento de estruturas mais resilientes não deverá nunca encaminhar-se no sentido do pensamento, mas da abertura ao outro reforçando assim os laços, as relações intra e interpessoais em *plataformas autênticas, verdadeiras, mais justas, em que a liberdade, a responsabilidade, a confiança, o respeito, a solidariedade, a tolerância não sejam palavras vãs. Para isso não podemos continuar a alicerçar a convivialidade entre as pessoas no medo, na desconfiança, na injustiça, na traição, na exploração, na exclusão, no desespero, procurando depois a segurança com mais polícia, subindo os gradis, reforçando e sofisticando as fechaduras. Mas, como desenvolver esta qualidade nas pessoas e nas sociedades? Este desenvolvimento se passa através da mobilização e ativação das capacidades do sujeito de **ser, estar, ter, poder** e **querer**.* (Tavares, 2001)

A argumentação levantada até então deixa claro e reafirma que a questão da formação de professores, tanto inicial quanto continuada, deve passar por uma revisão, tornando a dimensão das relações humanas um pilar fundamental, e não uma questão secundária, na vida e na prática profissional de educadores.

Discussões sobre fundamentos e metodologias da educação (modismos, novas alternativas educacionais) vêm e vão, mas uma das questões que têm ficado à margem é a forma de conviver dos professores com seus colegas, seu relacionamento com alunos, funcionários e equipe pedagógica. Em síntese, falta ao docente maior perspectiva de trabalhar com a adversidade em todas as suas formas.

Nesse sentido, Grotberg (2005) elenca algumas competências (condutas) para o ser humano resiliente:

> **Eu tenho**: *pessoas do entorno em quem confio e que me querem incondicionalmente; pessoas que me põem limites para que eu aprenda a evitar os perigos ou problemas; pessoas que me mostram, por meio de sua conduta, a maneira correta de proceder; pessoas que querem que eu aprenda a me desenvolver sozinho; pessoas que me ajudam quando eu estou doente, ou em perigo, ou quando necessito aprender.* **Eu sou**: *uma pessoa pela qual os outros sentem carinho e apreço; feliz quando faço algo de bom para os outros e lhes demonstro meu afeto; respeitoso comigo mesmo e com os outros.*

Eu estou: *disposto a me responsabilizar por meus atos; certo de que tudo sairá bem.* **Eu posso**: *falar sobre coisas que me assustam ou inquietam; procurar a maneira de resolver os problemas; controlar-me quando tenho vontade de fazer algo errado ou perigoso; procurar o momento certo para falar com alguém; encontrar alguém que me ajude quando necessito.*

A partir dessas características, podemos perceber que a resiliência é muito mais que mera invenção teórica, é uma possibilidade de articular elementos de nossa individualidade com situações adversas profissionais e pessoais. Quando Grotberg destaca os aspectos relacionados a ter, ser, estar e poder, pretende reforçar a tese de que o ser humano, em sua dimensão pessoal, cria possibilidade de desenvolvimento humano e crescimento. Por isso, acreditamos que, na formação de professores, uma das questões relevantes passa pelo exercício da resiliência enquanto parte concreta da formação.

Leitor, com este texto, procuramos enfocar aspectos gerais das características da resiliência e sua repercussão na área educacional, particularmente na formação de professores, mostrando ser uma ideia que envolve dimensões relacionadas à individualidade e à coletividade. Pensar em professores mais resilientes sugere a configuração de seres humanos mais autônomos, críticos, participativos, sensíveis e amorosos. Não podemos mais tratar como normais atitudes de intolerância, fatalismo, radicalismo, egoísmo e irresponsabilidade. Sabemos que elas existem e precisamos abordá-las na vida cotidiana, de maneira realista, na busca de melhores formas de comprometimento em nossas ações individuais e coletivas. Esse é o objetivo fundamental da educação.

1.5 Argumentos em prol de uma pedagogia do movimento na escola

Ao falarmos sobre educação, criança, psicomotricidade e ludicidade, é necessário considerar que esses fatores atuam conjuntamente. Dessa forma, o educador deve ter um olhar diferenciado para essas questões, razão pela qual propomos uma reflexão sobre uma pedagogia do movimento possível na escola, a qual ultrapassa a ideia apenas de movimento e é ampliada para os domínios relativos à percepção sobre o corpo em movimento, que supõe suas relações com a dimensão da vida e o desenvolvimento do ser humano. Ressaltamos que essa percepção não é isolada e vem sendo reforçada nos últimos anos por inúmeros educadores, como veremos a seguir.

Durante a última década do século XX, a discussão sobre educação, especialmente no contexto da instituição escolar pública, foi intensa. Vários campos de pesquisa e prática pedagógica foram surgindo, tornando a área educacional alvo de grandes reflexões e ações. Desse cenário, aspectos relevantes podem ser destacados, tais como: a crítica sistemática e coerente em relação a paradigmas tradicionais; o discurso em torno da necessidade de um profissional que se dedica à reflexão sobre sua prática pedagógica; pesquisas sobre o cotidiano escolar; propostas e projetos na área de gestão educacional estabelecendo relações mais concretas entre comunidade e escola.

Porém, em meio a tantas possibilidades e perspectivas, algo parece estar em desarmonia. Embora exista um aumento de estudos significativos, pesquisas e propostas, a escola pública ainda passa por momentos de dúvidas, conflitos e falta de referencial para implementar as mudanças de fato. Estas sempre têm como foco uma nova atitude a ser tomada pela direção, pela equipe pedagógica, por professores e comunidade escolar, sendo que apenas com novas posturas e atitudes, efetivamente, ocorrerão transformações, ou seja, uma mudança de paradigma.

Estabelecendo uma relação com as questões tratadas anteriormente, encaminharemos algumas reflexões sobre o que podemos pensar sobre pedagogia do movimento. São pontos que pretendem um ir de encontro ao marasmo e ao fatalismo que alguns ainda insistem em impor à educação, bem como à concepção daqueles que ainda reduzem a dimensão corporal humana unicamente ao "físico".

Chamamos a atenção para o fato de que ser um profissional que trabalha com pessoas é reconhecer a diversidade, mantendo uma postura ativa na aproximação das diferenças. Acima de tudo, trata-se de acreditar que as mudanças que tanto sonhamos estão próximas, na verdade estão conosco, e que, se pensamos e queremos melhorar a educação, temos que iniciar esse processo em nossa própria vida, família, escola e sala de aula.

Nesse caminho, é necessário relativizar nossas "certezas" e saberes considerados absolutos, isto é, conceitos acabados de escola, gestão, alunos, professor, relações humanas, vida, entre outros tão significativos, nos quais muitas vezes nos apoiamos sem reflexão.

Nossa opção como educadores deve ser sempre por uma pedagogia da pergunta e da evolução desses questionamentos, porque, quanto mais acessamos informações, não só teóricas, mas também aquelas que vêm do corpo – os abraços, a afetividade, o "olho no olho", isto é, as informações que o corpo percebe como um todo –, mais ampliamos nosso papel humano e profissional.

Para buscar a ligação entre corpo, educação, educação física e pedagogia do movimento, vamos dispor de alguns argumentos que há mais de uma década são discutidos por estudiosos do corpo e da educação física. Trata-se de questões ainda sem respostas adequadas. Iniciamos com Santin (1987, p. 33) e seu questionamento:

> *pelo caminho educacional, chega-se às questões básicas do que se pode ou deve entender por educação física. Educar quem? O homem? Mas que homem? Todo o homem ou apenas o corpo? Educar o corpo sob que aspecto? O que se pretende ensinar com educação física? Treinar e educar? Movimentos, performances, rendimentos devem ser os resultados da educação física? E os desempenhos existenciais ou a expressividade corporal devem merecer atenção?*

Para ampliar a reflexão, Freire (1991, p. 26) declara:

O corpo, inevitavelmente mortal, não está morto. E sem ele nada podemos fazer aqui onde habitamos. Somos locomotores. Diferente dos vegetais que onde nascem, permanecem. Não conhecemos a fotossíntese. Somos seres motores, corpos locomotores. As mentes não habitam cadáveres. O homem não é um zumbi intelectual. Nosso planeta é a terra, onde não existe forma possível de expressão que não seja a motora. Pela corporeidade existimos, pela motricidade nos humanizamos. A motricidade não é movimento qualquer, é expressão humana.

Aqui, fazemos uma primeira opção, a de entender pedagogia do movimento como processo de trabalho/vivência com práticas corporais, visando à qualidade na percepção corporal com consequente avanço nas ações/interações do ser humano no mundo. Compartilhamos, assim, das ideias de Celano (1999, p. 44), quando esclarece: "Somos seres multidimensionais e nos sentiremos harmonizados se nossas ações, afetos, vontades, pensamentos, imagem, autopercepção, o ambiente e os níveis energéticos mais sutis estiverem em equilíbrio". E ainda, conforme Bertherat e Bernstein (1977, p. 45), "o corpo é a casa onde moramos, cujas paredes recebem e registram experiências vividas. Mentes, sentimentos, emoções, sentido estético, religioso, enfim, tudo depende da saúde ótima do corpo para funcionar também de maneira ótima".

Santin (1987, p. 26) nos aponta que "Cada um tem seu timbre de voz, seu sotaque, seu modo de falar. Assim também tem sua originalidade de movimento, de caminhar e de expressão gestual". Portanto, a pedagogia do movimento configura-se no contexto educacional na medida em que se percebe como fundamental a expressão do ser humano. O corpo passa a ser entendido como espaço de vida e comunicação consigo e com o outro.

Assim, a pedagogia do movimento pode pensar o corpo não como máquina, com funções repetitivas, mas, sim, na sua relação com outras dimensões, como a emocional, a mental, a estética etc., ou seja, considera o ser humano como uma totalidade. Nesse sentido, Pereira e

Hannas (2000, p. 42) enfatizam:

> *Não basta praticar exercícios físicos; é necessário desenvolver a consciência corporal. A consciência corporal é vital para um ajustamento harmonioso da personalidade, para a saúde pessoal integral, para uma comunicação eficiente e eficaz, para o sucesso profissional que, hoje mais do que nunca, exige um corpo saudável, capaz de lidar adequadamente com o estresse e a tensão do dia a dia, com as emoções.*

Dentro dessas possibilidades, a pedagogia do movimento tem o papel de perceber o corpo e as atividades corporais de forma redimensionada, de tratá-lo como ser total, não restrito a gestos técnicos sem repercussão na vida e na prática cotidiana. Como já argumentamos anteriormente, o corpo é a síntese de todas as dimensões humanas. No mesmo sentido, Busetti (1998) entende que o corpo é um conglomerado de sistemas inteligentes, um organismo dinâmico em estado de constante mudança. Esse processo resulta da interdependência e da mútua influência entre os aspectos biológicos e a consciência, e vice-versa, sem separações. "Somos um ser por inteiro, e não uma simples montagem mecânica sujeita a reparos. Por isso uma visão integrada de saúde e qualidade de vida deve abordar aspectos que promovam o equilíbrio e o desenvolvimento humano de forma harmônica" (Busetti, 1998, p. 6).

Em relação a esse desenvolvimento harmonioso e integrado do ser humano, Restrepo (1998, p. 26) apresenta algumas ideias de como pensar processos de relacionamento (educação) no início do milênio. Segundo ele, a separação entre inteligência e afetividade parece ter sua origem no fato de que, diante de uma percepção mediada pelo tato, pelo gosto e pelo olfato, o Ocidente preferiu o conhecimento através dos exteroceptores, ou seja, os receptores a distância, como o são a vista e o ouvido; nossa cultura é uma cultura visual auditiva. Assim, nossa herança autêntica é a de tradição visual-auditiva, gerando uma falsa ideia de que o corpo não deve merecer atenção.

> *Não cabe dúvida de que o cérebro necessita do abraço para seu desenvolvimento, e as mais importantes estruturas cognitivas dependem deste alimento afetivo para alcançar um nível adequado de competência. Não devemos esquecer que o cérebro é um autêntico órgão social, necessitando de estímulos ambientais para seu desenvolvimento. Sem aconchego afetivo, o cérebro não pode alcançar seus ápices mais elevados na aventura do conhecimento.* (Restrepo, 1998, p. 40)

Essa análise nos faz aprofundar a ideia da importância da integração corpo-mente. Ao defendermos a pedagogia do movimento, nosso intuito é justamente ampliar o olhar ainda limitado que muitos professores têm em relação ao corpo e ao movimento. Persiste até hoje em muitas escolas o entendimento de que o tempo destinado ao corpo deve ser apenas o do "recreio"; nos demais momentos, apenas a "cabeça" e as "mãos" participam da educação.

Precisamos aprofundar nossas perspectivas de análise e, para tanto, procuramos pensar na pedagogia do movimento, que se preocupa com a qualidade da ação/interação do ser humano no mundo.

A discussão sobre o movimento enquanto preocupação pedagógica abre a possibilidade de mediação entre teoria e prática no contexto educacional, evidenciando a importância de entender a ideia de cultura corporal. De forma geral, sem nos aprofundarmos em conceitos de cultura e de corpo, podemos dizer que cultura corporal é tudo o que o homem, vivendo em sociedade, produziu em termos de movimentos corporais durante sua história, os quais surgiram em épocas, espaços e situações diferenciadas, como eram também seus objetivos.

Considerando os movimentos como parte de uma cultura corporal ou como formas de o homem expressar-se através dos séculos, percebemos que eles são uma forma de conhecimento, isto é, algo possível de ser apropriado pela geração atual, que procura entendê-los, analisá-los e transformá-los em algo mais apropriado para seu cotidiano.

Enquanto práticas da cultura corporal, a apropriação dos

movimentos se dá de duas maneiras: pela cultura popular (do cotidiano e suas relações) e pela cultura formal (escola). Um exemplo disso é um jogo realizado na rua com os amigos e um outro jogo estruturado pedagogicamente na escola. Nos dois casos a cultura corporal está presente: no primeiro, através do simbolismo da brincadeira de rua e, no segundo, através de práticas mais estruturadas. Porém, em ambos, o corpo demonstra aquilo que foi criado, recriado e alterado historicamente, evidenciando fatos de cultura.

Na perspectiva de Pereira e Hannas (2000, p. 42), entendemos que a consciência corporal, como objetivo direto da pedagogia do movimento, é vital para um ajustamento harmonioso da personalidade, para a saúde pessoal integral, para uma comunicação eficiente e eficaz, para o sucesso profissional que, "hoje mais do que nunca, exige um corpo saudável, capaz de lidar adequadamente com o estresse e a tensão do dia a dia, com as emoções".

1.6 Sobre aprender: uma visão holística da educação

Em relação à mudança de paradigma em educação, Weil (2000, p. 116) retrata algumas diferenças básicas entre o antigo e o novo paradigma, que nesse caso é denominado de *holístico*. Para o autor, uma perspectiva holística remete à integração e à totalidade do pensamento, da vivência humana, sendo que ele assim descreve: "Holístico é o espaço de encontro de tudo o que a mente humana separa e separou através dos tempos; Holístico é o encontro do novo com o antigo, do convencional e não convencional; Holístico é a descoberta da natureza da natureza, da vida, da consciência da consciência".

Nesse conceito, o autor evidencia que a educação no antigo paradigma era, e ainda muitas vezes é, ligada à informação, voltada para o intelecto e a mera instrução; apenas memória e razão eram valorizadas. Já no paradigma holístico existe a preocupação com a pessoa integral pela valorização do processo de desenvolvimento da sensação, do sentimento, da razão e da intuição.

Esse paradigma requer novos olhares, um novo modo de ver as coisas (relações humanas e sociais, autoconhecimento, mundo, vida, corpo e educação), não fragmentado, unitivo. Nessa dimensão, ganha lugar a pedagogia do movimento, entendida enquanto espaço fundamental da percepção do corpo como totalidade.

Por esse motivo, acreditamos que a escola tem oportunidades especiais de estabelecer, juntamente com professores e comunidade, propostas diferenciadas no cotidiano escolar. O que definimos como diferenciadas, nesse recorte, são ações que possam buscar efetivamente novas perspectivas e possibilidades de transformação humana a partir do contexto educacional.

Uma dessas possibilidades é apontada por Martinelli (1996, p. 14), quando diz que "os atuais sistemas educacionais dissociaram aspectos materiais e espirituais, fragmentando o conhecimento e por conseguinte o desenvolvimento da personalidade dos alunos". Isso provocou uma inibição da criatividade e da percepção superior. Para ela, a restauração de uma visão mais integrada do ser humano só ocorrerá quando os valores morais e espirituais voltarem a fazer parte da educação, particularmente na escola.

Outro caminho apontado em referência aos pressupostos humanos e sociais relacionados ao aprender está presente no entendimento de Assmann (1998, p. 35-40) sobre as formas de perceber o conhecimento. O autor se posiciona em relação a essa percepção evidenciando que aprender é um processo criativo que se auto-organiza. Assim, segundo essa ideia, todo conhecimento tem uma inscrição corporal, pois a dinâmica da vida e a do conhecimento estão unidas, isto é, a aprendizagem concreta parece se dar com o corpo todo.

Mas, como conceber que aprender é um processo de criação e auto-organização, se na escola, muitas vezes, o que ainda aparece no processo ensino-aprendizagem é a simples instrução por repetição?

Pelo que temos analisado, podemos dizer que essa forma de

ensinar não se configura como um processo de qualidade, pois desconsidera a possibilidade da individualidade, das motivações pessoais, da autonomia e da construção de conhecimento. Nesse sentido, é importante percebermos a necessidade de que o profissional reconheça esses processos e saiba neles interferir, de modo a torná-los cada vez melhores.

Com base nessas considerações, entendemos que o processo de conhecimento humano é criativo e flexível, exigindo uma postura de abertura à diversidade humana, na qual sejam adotados um discurso e uma atuação coerentes, que estejam abertos a novas formas de pensar o processo educacional, em especial àquela relacionada à pedagogia do movimento. Do mesmo modo, acreditamos que todo conhecimento tem uma inscrição corporal e que conhecimento e vida estão unidos. Assim, práticas educacionais, como processos essencialmente humanos, devem proporcionar aos alunos, em qualquer nível de ensino, prazer em aprender, em vez do mecanismo repetitivo de automatização.

Desse modo, para Pereira e Hannas (2000, p. 42), o pressuposto fundamental é "a consciência de que qualquer ato ou comportamento nosso é como uma onda que se espalha, interferindo em outros comportamentos, certamente levará o homem a atitudes responsáveis, a assumir o seu papel real na manutenção da ordem cósmica".

Logo, a educação deve caminhar para a vida afetiva, intelectiva, corporal, social e espiritual do aluno, sem as divisões tão usadas nas escolas. Sabemos hoje que educar não é apenas estar preparado para o mercado de trabalho e acumular informações e conhecimento. Pelo contrário, o mundo exige pessoas com uma visão ampla, o que engloba autoconhecimento, desejo de aprender, capacidade de tratar com o imprevisível e a mudança, capacidade de resolver problemas criativamente, aprender a vencer na vida sem derrotar os demais, aprender a gostar de progredir como pessoa total e crescer até o limite de nossas possibilidades, que são infinitas.

Uma vez que a questão central é a educação para toda a vida, isto é, aprender além dos conteúdos, voltando-se a posturas e posicionamentos sociais e humanos cada vez melhores, redimensionaremos nosso foco aos quatro pilares básicos da educação (já apresentados e discutidos anteriormente), que servem para todo e qualquer processo educacional qualitativo.

Retomando os pilares da educação para o século XXI, conforme o Relatório Delors, explicitados no início deste livro, podemos fazer uma ponte entre essa abordagem holística e a educação.

> *Aprender a conhecer, combinando uma cultura geral, suficientemente vasta, com a possibilidade de trabalhar em profundidade um pequeno número de matérias. O que também significa: aprender a aprender, para beneficiar-se das oportunidades oferecidas pela educação ao longo de toda a vida. Aprender a fazer, a fim de adquirir, não somente uma qualificação profissional mas, de uma maneira mais ampla, competências que tornem a pessoa apta a enfrentar numerosas situações e a trabalhar em equipe. [...] Aprender a viver juntos, desenvolvendo a compreensão do outro e a percepção das interdependências – realizar projetos comuns e preparar-se para gerir conflitos – no respeito pelos valores do pluralismo, da compreensão mútua e da paz. Aprender a ser, para melhor desenvolver a sua personalidade e estar à altura de agir com cada vez maior capacidade de autonomia, de discernimento e de responsabilidade pessoal. Para isso, não negligenciar na educação nenhuma das potencialidades de cada indivíduo: memória, raciocínio, sentido estético, capacidades físicas, aptidão para comunicar-se.* (Delors, 1998, p. 101-102)

Os pilares da educação são introduzidos na educação brasileira especialmente a partir dos Parâmetros Curriculares Nacionais (PCN), pois foram adotados como pressupostos para a produção desse documento, estabelecendo que **aprender a ser** e **aprender a viver juntos** devem ser observados como aspectos a serem priorizados numa educação cidadã. Para contribuir nesse caminho, foi valorizada a ideia da transversalidade, entendida como articulações entre temas humanos fundamentais e conteúdos de ensino, as quais podem ser discutidas e vivenciadas na escola.

No entanto, esses temas transversais (ética, saúde, orientação sexual, trabalho e consumo, meio ambiente e pluralidade cultural) possuem algo mais em comum, que é a sua relação com a percepção e o autoconhecimento do indivíduo. Por isso, optamos por refletir sobre os aspectos a seguir, que englobam inúmeras possibilidades atuais de realizar a aproximação do aluno consigo mesmo, num "re-conhecimento" de suas qualidades humanas mais interiores, na busca por uma convivência mais pacífica, harmoniosa e de qualidade na escola.

As ideias até aqui desenvolvidas servem para contextualizar e tentar dimensionar, de maneira geral, uma pedagogia do movimento com base em um novo paradigma para a educação, fundado na totalidade, no holístico.

Partindo da perspectiva dos pilares básicos da educação e do entendimento de que o corpo tem uma dimensão maior que a de "organismo vivo", pois ele é conhecimento (ou seja, somos o que vivemos, inclusive corporalmente), entendemos que profissionais que trabalham com o corpo, olhando com mais atenção para isso, têm a possibilidade de dimensionar ou redimensionar os objetivos do seu trabalho, contribuindo na formação de seres humanos que possam reconhecer-se enquanto corpos individuais e sociais, ou, numa palavra, humanos.

Em nosso tempo, já não é possível uma educação que não seja para a vida, para a convivência humana e social. Da mesma forma, é inaceitável uma pedagogia do movimento que não passe por esses caminhos, tendo o corpo e as práticas da cultura corporal enquanto especificidade de conhecimento.

1.7 Sobre uma visão amorosa da educação

Ao longo da primeira parte deste livro, estamos enfatizando que, ao falar de educação, em novas abordagens e perspectivas, sabemos que, enquanto existem muitos professores atualizados, com disposição e vontade de evoluir, alguns ainda dizem que a educação "não tem mais jeito".

Mas como acreditamos que mudanças são possíveis e necessárias, optamos por refletir também sobre novas abordagem em educação e pedagogia do movimento. É necessário construir bases sólidas a partir de dados concretos de nossa realidade. Portanto, não se trata aqui de inventar ou "abraçar" uma proposta nova ou salvadora, mas, sim, de estabelecer um caminho no qual seja possível, a partir da reflexão, ampliar horizontes e análises.

Vimos anteriormente que os PCN estão baseados nos pilares apontados no Relatório Delors. É importante entendermos que, em educação, dois desses pilares, **conhecer e fazer**, já têm uma história construída e estruturada de como desenvolver métodos e técnicas de ensino, fundamentar processos de conhecimento e explicar o mundo. Porém, os pilares **conviver** e **ser** são dimensões que aos poucos vão sendo introduzidas com qualidade na escola, especialmente se entendermos que o "conviver" faz parte do "ser" humano em todos os aspectos.

Para aproximar esses dois pilares da educação, estabelecemos os princípios básicos de ser educador, identificados por Freire (1996, p. 136):

> *É preciso que saibamos que, sem certas qualidades ou virtudes como amorosidade, respeito aos outros, tolerância, humildade, gosto pela alegria, gosto pela vida, abertura ao novo, disponibilidade à mudança, persistência na luta, recusa aos fatalismos, identificação com a esperança, abertura à justiça, não é possível a prática pedagógico-progressista, que não se faz somente com ciência e técnica.*

Nas palavras desse autor encontramos ideias fundamentais para pensar no ser educador, na medida em que amor, humildade, gosto pela vida e pelo trabalho e abertura ao novo são qualidades de que educadores nunca podem abrir mão. Além disso, fica claro que uma prática inovadora não se faz apenas dentro da lógica tradicional da educação, observada como "científica" e "técnica".

Mesmo que muitos achem utopia falar dessas questões, continuamos a concordar com Freire (1996, p. 152), quando afirma:

> *Nas minhas relações com os outros, que não fizeram necessariamente as mesmas opções que fiz, no nível da política, da ética, da estética, da pedagogia, nem posso partir de que devo "conquistá-los", não importa a que custo, nem tão pouco [sic] temo que pretendam "conquistar-me". É no respeito às diferenças entre mim e eles ou elas, na coerência entre o que faço e o que digo, que me encontro com eles ou com elas.*

Nessa passagem, estão articuladas muitas ideias tratadas até agora. A primeira é a diversidade, ou seja, pessoas e professores crescem com as diferenças, mas, para percebê-las, é necessário ser resiliente, estar preparado para responder às adversidades de maneira consistente e coerente. Para isso, cada vez mais percebemos que de nada adianta o professor ter um belo discurso, apenas repetindo outros autores ou estabelecendo palavras de ordem com certezas prontas, se o que diz não vem acompanhado de uma ação concreta.

O conhecimento, fruto de nosso estudo, de nossas experiências de vida, que são sempre corporais, portanto passíveis de ser trabalhadas pedagogicamente, deve fazer diferença no cotidiano das relações humanas e sociais, aliando-se à dimensão afetiva, a qual deve estar cada vez mais presente nas práticas pedagógicas. Aqui, mais uma vez, encontramos as palavras que dão o exato sentido do que queremos expressar:

> *Esta abertura ao querer bem não significa, na verdade, que, porque professor, me obrigo a querer bem todos os alunos de maneira igual. Significa, de fato, que a afetividade não me assusta, que não tenho medo de expressá-la. [...] Na verdade, preciso descartar como falsa a separação radical entre seriedade docente e afetividade. Não é certo, sobretudo*

> *do ponto de vista democrático, que serei tão melhor professor quanto mais severo, mais frio, mais distante e "cinzento" me ponha nas minhas relações com os alunos.* (Freire, 1996, p. 160)

Essa constatação tem sido cada dia mais endossada por estudos como o das inteligências múltiplas, por exemplo, o qual mostra que somos inteiros no processo de aprender, ou seja, aprendemos integralmente, e não por partes, sendo que o corpo todo (emoção, percepção, ação) está presente nesse ato.

"É preciso, por outro lado, reinsistir em que não se pense que a prática educativa vivida com afetividade e alegria prescinda da formação científica séria e da clareza política dos educadores e educadoras" (Freire, 1996, p. 136). Freire traz nesse ponto outra grande verdade: de fato, dominar nossa área específica de conhecimento é ponto central, com suas técnicas e metodologias apropriadas, porém isso só já não basta, a educação hoje é encontro afetivo, de amor e crescimento humano para os que estão em seu processo envolvidos.

Ressaltamos que a pedagogia do movimento passa a ser pilar desses encontros, na medida em que trabalha com o corpo e suas sensações. Portanto, quando pensamos em trabalho pedagógico para crianças que envolva o movimento, jamais podemos ser ingênuos e achar que "qualquer brincadeirinha" serve. Pelo contrário, é na inobservância dessa questão que muitas vezes damos uma contribuição negativa à formação da criança, a qual acaba considerando normal ser violento, agressivo, individualista e insensível.

1.8 Sobre uma visão integral da educação

No contexto do pensamento de totalidade que fomos apresentando em pequenos temas, agregando ideias sobre visão holística e amorosa da educação, evidenciamos também a educação integral, na qual o corpo é elemento fundamental. Como contribuição para pensar melhor em novos paradigmas, cabe ressaltarmos o trabalho desenvolvido pela

Universidade da Paz (Unipaz) que pressupõe três dimensões: ecologia individual – a paz consigo mesmo (início de tudo – corpo, mente, espírito integrados); ecologia social – a paz com os outros (relações humanas qualitativas como crescimento compartilhado); ecologia planetária – a paz com a natureza (entender a ideia de "reciclar a vida" em todos os sentidos).

Mais uma vez, parece inevitável pensarmos uma educação do século XXI em que não esteja presente a abertura a novos olhares e pensamentos sobre pessoas, relações humanas, aprendizagem significativa, valores humanos, solidariedade e sociedade global, especialmente para educadores que pretendam fazer de sua prática pedagógica um espaço de crescimento e de vida, de desenvolvimento individual e social, enfim, de "re-encantamento" por si mesmos e pelo outro!

Assim, optamos por argumentar pela pedagogia do movimento como uma alternativa para atender à necessidade de mudança de paradigma em educação, uma vez que ela pode contemplar aspectos importantes como autoconhecimento e sensibilização.

Para contribuir com a reflexão proposta, citamos algumas palavras de Cobra (2001, p. 71):

> *O corpo é o caminho para o maravilhoso mundo interior – esse é o meu método, essa é a minha profissão. Tenho uma visão do homem como um todo e não do físico pelo físico. Uso, sim, o corpo como um caminho para chegar à mente, às emoções, ao espírito das pessoas. E o movimento é a base para o desenvolvimento interior.*

Para esse autor, saúde é alegria de viver e encantamento com a vida, é um processo de equilíbrio do organismo, em que milhões de mecanismos vão interagindo e movimentando o interior do corpo para que tudo funcione adequadamente. A pessoa encantada com a vida tem o cérebro trabalhando na formação de hormônios de altíssima qualidade que vão nutrir a perfeita elaboração da química interna nos bilhões de reações que ocorrem no organismo todo o tempo.

Nesse sentido, Cobra (2001) afirma que, fundamentalmente, o que precisa ser recuperado é o encantamento com a vida, o estado de entusiasmo, pois saúde é alegria, é energia, é vitalidade, é disposição. Uma pessoa triste pode não ter doença, mas não é uma pessoa saudável. A pessoa positiva é a que acorda entusiasmada, otimizando-se em relação à vida.

> *Esse otimista é saudável. O pessimista não favorece sua saúde. É o que acorda desanimado colocando enormes barreiras diante da sua própria vida, ampliando seus problemas. Será só uma questão de tempo para que a doença, que está embrionária dentro dele, irrompa. A tristeza, o rancor. O desânimo, a desilusão afetam o sistema imunológico e podem baixar sua resistência. E fazer com que se perca o equilíbrio interno.* (Cobra, 2001, p. 75)

Assim, podemos dizer que a vida (saúde) é movimento, sendo este responsável por beneficiar o corpo e enriquecer o cérebro com hormônios de altíssima qualidade, fabricados graças ao trabalho com o corpo.

Outra dimensão ligada fundamentalmente à saúde é o conceito de ludicidade, que deixou de ser enfocada apenas como característica própria da infância. Abandonou-se a ideia de que brincar é apenas uma atividade descomprometida. O lúdico passou a ser visto sob outras perspectivas, especialmente aquelas que envolvem todas as fases do desenvolvimento humano.

Dessa forma, a noção do lúdico cada vez mais passa a fazer parte de nosso cotidiano, e o homem, sem perder sua condição de adulto sério e responsável, pode então passar a dar novos sentidos à sua existência pela via da ludicidade, recuperando a sensibilidade estética e enriquecendo seu interior.

Ao deixar de ser uma especificidade da infância, o lúdico, nos últimos anos, transformou-se numa ferramenta de trabalho para muitas áreas, seus resultados positivos repercutiram em diferentes setores da sociedade, como é o caso das empresas, das universidades, dos hospitais, das clínicas, das escolas e de muitos outros que investiram nessa área. No entanto, em nenhum desses setores a ludicidade foi tão pouco utilizada como na escola.

Com o olhar voltado à criatividade, à sensibilidade, à afetividade, à arte de relacionamento e à cooperação, a dimensão lúdica presente em novos paradigmas educacionais investe em dinâmicas de grupo e atividades recreativas no sentido de favorecer o desenvolvimento de dimensões qualitativas no processo de aquisição dos conhecimentos relativas ao corpo e à saúde.

Para Yus (2002, p. 132), "se nos relacionássemos uns com os outros por meio de nossas mentes, o diálogo humano se tornaria somente um diálogo racional, e o sentimento de amor seria meramente um pensamento impreciso. Tudo isso leva a fazer do corpo humano algo totalmente irrelevante para o diálogo interpessoal".

Sabemos que, na maioria das vezes, o único espaço dedicado ao corpo nas escolas é aquele das aulas de educação física, entretanto até os programas dessa disciplina, muitas vezes, podem contribuir para uma falta de integração entre mente e corpo.

Alguns autores sugerem que os exercícios físicos na escola deveriam centrar-se mais no desenvolvimento da imagem do corpo da pessoa ou na habilidade de conectar o corpo com a consciência. Infelizmente, muitos programas de educação física estão centrados somente na construção dos músculos ou na ativação do sistema cardiovascular.

Yus (2002) aponta-nos que a desconexão entre corpo e mente traz consequências maléficas em situações que demandam de nosso sistema nervoso uma atividade em um ritmo e uma intensidade desproporcionais para nossa capacidade de resposta. Muitas vezes essa pressão neurológica traz efeitos imediatos para o corpo: aceleração do ritmo cardíaco e respiratório, aumento da tensão muscular, suor etc., isto é, todos os mecanismos de alerta apresentados por nosso organismo diante de situações ameaçadoras e cujos efeitos sobre a saúde são desastrosos, manifestando-se sob a forma de estresse.

Mas, como possibilitar que as pessoas adquiram conhecimentos a respeito do próprio corpo, a fim de poderem identificar tais manifestações? Com um trabalho direcionado a esse conhecimento, e isso começa pelo desenvolvimento da consciência corporal, por meio da qual as pessoas têm capacidade de detectar os sintomas do estresse.

A consciência corporal está entre outros aspectos básicos que precisam ser desenvolvidos e estimulados através de um trabalho psicomotor iniciado no período da infância. A inobservância dessa necessidade pode ocasionar inúmeros distúrbios no desenvolvimento da criança, o que se reflete não apenas na sua aprendizagem, mas em todo o seu comportamento.

CASO DE ENSINO 1 – A CONSCIÊNCIA CORPORAL

Como mencionamos anteriormente, a consciência corporal, fruto das percepções do esquema corporal e responsável por estruturar nossa imagem de corpo, é adquirida no momento em que podemos processar as informações recebidas pelo corpo todo. Essas informações proporcionam um desenvolvimento mais harmonioso do corpo, sendo também fundamental para a autoimagem construída pela criança. Sabemos que boa parte dessa consciência do próprio corpo acaba acontecendo (ou não) antes mesmo de a pessoa entrar na escola, pelo exercício de inúmeras atividades corporais.

Para abordarmos essas atividades que favorecem a ampliação da consciência corporal, apresentamos aqui um caso de estudo específico. Trata-se da abordagem da **harmonização** ou "pequenos relaxamentos". Inicialmente é importante ressaltar que o trabalho de harmonização deve ser entendido como o momento no qual os alunos fazem atividades intrapessoais, ou seja, reflexões, pensamentos, sempre associados a estados de "pequenos relaxamentos". É uma atividade que não envolve relaxamento profundo ou meditação, o que requer mais estudo e prática, tanto de quem aplica quanto de quem recebe o trabalho.

Em sua atividade como educadora da escola pública, a professora

Ana Maria*, que trabalha com crianças de educação infantil, estava procurando por inovações. Ela queria melhorar sua prática, especialmente quanto à concentração das crianças, tanto nos conteúdos como nas relações com os colegas.

Pesquisando sobre as possibilidades que poderia experimentar para atingir esse objetivo, percebeu a grande quantidade de informações (programas de televisão, matérias em inúmeras revistas, materiais didáticos) sobre os temas **relaxamento** e **meditação**, mostrando como essas atividades têm influência benéfica sobre o corpo e a mente. Principalmente quando viu que esses resultados já são comprovados cientificamente, e não apenas uma "moda" como ela mesma pensava, resolveu prosseguir com a ideia.

Estudou um pouco mais sobre o assunto, trocou ideias com colegas sobre o tema e viu que existem várias possibilidades de trabalho nesse sentido: *ioga, tai chi chuam, lian gong, chi kum*, todas práticas de origem oriental que estão difundidas hoje no país. Mas, à medida que encontrava mais informações sobre os temas, Ana Maria foi percebendo que não queria algo tão aprofundado nesse primeiro momento. Foi aí que escolheu uma proposta chamada de *harmonização*, assim denominada porque de maneira geral buscava harmonia entre os alunos, tanto individual quanto coletivamente, tendo a concentração como aspecto fundamental.

Nesse sentido, o significado de harmonia era o de aproximar mais a criança de si mesma, de suas sensações e percepções. Para isso, pensou que seria interessante e pedagógico propor uma sequência que, além de levar ao desenvolvimento da consciência do corpo, fosse inclusiva, motivadora e aliasse atenção individual e coletiva.

---

* Embora o nome utilizado aqui seja fictício, o caso relatado se refere a experiências e práticas educacionais vivenciadas pelos autores desta obra.

Antes de iniciar o trabalho, a professora buscou algumas informações adicionais sobre a importância da respiração e do relaxamento e percebeu que são práticas que requerem alguns cuidados e conhecimentos específicos.

Assim, primeiramente, ela própria vivenciou a experiência. Para tanto, realizou alguns pequenos relaxamentos e sentiu-se tão bem disposta e concentrada que propôs ao marido e aos filhos que também experimentassem praticá-los. Como resultado, percebeu a família mais tranquila e relacionando-se melhor. Então, não teve mais dúvidas e colocou seu planejamento em prática na escola, desenvolvendo uma ação pedagógica de harmonização.

O trabalho foi iniciado na semana em que a professora falou aos alunos sobre a respiração e a consciência do corpo, quando também pediu para elas inspirarem e expirarem lentamente, buscando seu próprio ritmo. Ao longo da semana, já percebeu que estavam mais concentrados e tranquilos, e isso apenas com o treinamento da respiração. Naquela sexta-feira, disse aos alunos que fariam uma atividade nova: iriam juntar a respiração ao relaxamento do corpo.

Para organizar o espaço, as cadeiras foram afastadas, deixando-se um espaço maior no centro da sala. Em seguida, a professora pediu que as crianças sentassem em círculo e iniciassem os exercícios respiratórios. Depois solicitou que fechassem os olhos e falou para elas imaginarem coisas boas, como os amiguinhos brincando felizes, momentos bons com a família, a alegria na escola. Depois de dois a três minutos, pediu que cada um, em silêncio, encontrasse espaço para deitar com o corpo estendido. (Antes disso, a professora já tinha verificado se o chão estava limpo e com temperatura razoável, caso contrário, utilizaria pequenos tapetes disponíveis na escola ou toalhas solicitadas aos alunos.)

Com todos os participantes deitados, Ana Maria passou a falar pausadamente, sem pressa, observando atentamente as reações dos alunos, enquanto andava pela sala, entre as crianças. Vale lembrar que ela aprendera que poderia utilizar músicas suaves para o trabalho, mas, justamente naquele dia, o aparelho de som da escola tinha apresentado problemas, o que não a impediu de fazer o trabalho, que aconteceria sem a música. Então, direcionou a atividade falando aos alunos:

> *Concentrem-se na respiração... ar entrando e saindo... entrando e saindo... Agora comecem relaxando os pés... sem mexer... só pensando neles... agora as pernas... as costas... barriga... peito... ombros... braços e mãos... agora o pescoço e a cabeça, boca, nariz, olhos e testa...*

O pequeno relaxamento durou cerca de cinco minutos, pois as crianças ainda não estavam habituadas e, naturalmente, começaram a mexer-se um pouco mais com o passar do tempo. A professora percebeu esse fato e pediu que lentamente fossem abrindo os olhos, espreguiçando-se e sentando em círculo novamente.

Solicitou aos alunos que falassem da experiência e ouviu vários comentários, desde "foi legal" até "como é importante a gente conhecer nosso próprio corpo". Ou seja, como primeira ideia, o trabalho da professora Ana Maria conquistou todos os alunos, alguns pela atividade em si mesma, outros pelos conhecimentos sobre o corpo que esta havia proporcionado.

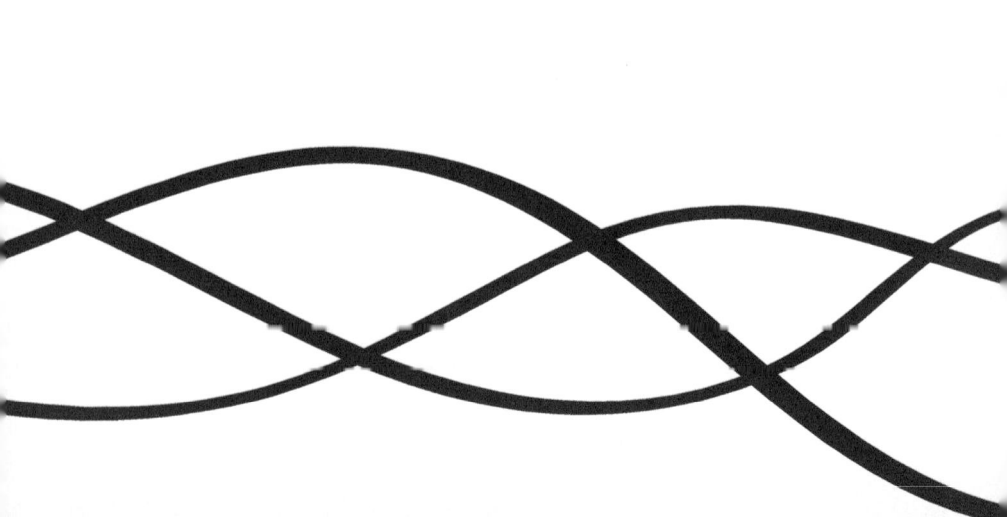

capítulo 2

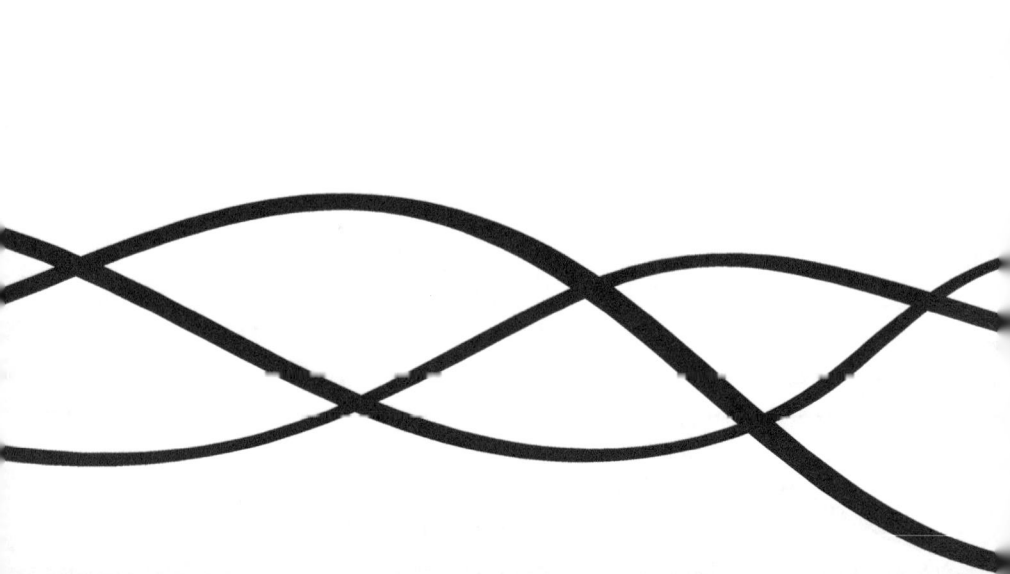

Educação psicomotora

Existem várias aplicações para a psicomotricidade, como aquela que é voltada para o uso na escola e a que se destina ao trabalho em clínicas de psicólogos e psicopedagogos. Neste capítulo, discutiremos alguns aspectos da psicomotricidade tais como: histórico, fundamentos, desenvolvimento e avaliação psicomotora e utilização da psicomotricidade na escola.

Quanto a este último tópico, abordaremos a necessidade de se atentar para a realização de atividades psicomotoras com os alunos nos estabelecimentos de ensino da educação infantil e nas séries iniciais.

2.1 Aspectos históricos da psicomotricidade

Ao iniciarmos este estudo sobre a psicomotricidade, é importante identificarmos as origens da palavra **corpo**. De acordo com os estudos de Manhães (2003), em sânscrito, o termo que remete a esse conceito é *garbhas*, que significa "embrião", ou seja, o princípio ou começo; em grego, é *kapós*, que se refere a "fruto, semente" e, em latim, é *corpus*, que significa "tecido de membros, envoltura da alma, embrião do espírito".

Podemos conceituar corpo, a partir desses significados, como envoltório da alma, embrião no qual o espírito se desenvolve. Tais leituras se coadunam à visão do mundo clássico (cultura grega), pois pensadores como Platão (347 a.C.) defendiam que o corpo era o local de passagem da alma/espírito e Aristóteles (322 a.C.) endossava a tese de que certa quantidade de matéria – o corpo – moldava uma forma – a alma.

Entretanto, Descartes (1656), que lançou a base de toda a ciência moderna, cria uma separação entre corpo e alma, ao defender que existem duas esferas, uma destinada às coisas da alma e do pensamento e outra relacionada ao mundo físico e às necessidades corporais.

Coste (1978, p. 13) afirma que "desse princípio fundamental [...] [originam-se] dois eixos: uma 'fisiologia' para o corpo e uma teoria das 'paixões' para a alma". Muitos autores acreditam que de certa forma esse dualismo corpo e alma se, por um lado, foi importante para estabelecer uma ciência moderna, por outro, estabeleceu um abismo em relação a um pensamento holístico* e a uma visão integrada do ser humano.

Essas visões, de algum modo, influenciaram a compreensão a respeito do conceito de **movimento**. Aristóteles defendia a ideia de que o corpo se movimentava por desejo da alma, pois esta acionava a energia vital que causava o movimento. Descartes formulou o conceito de que o movimento humano está sujeito às vontades da consciência. Visões contemporâneas trazem uma ideia de movimento mais próxima daquela que conhecemos hoje, dentre as quais vamos destacar algumas.

Muniz, citado por Mello (1989, p. 24), comenta que, com o trabalho de Biran (1790), "a ação assumia importância na consciência que o indivíduo tem de si e do mundo exterior, colocando o movimento como um componente essencial na estruturação do eu". Dessa forma, o eu afirma-se pelo e no esforço e domina o conjunto do organismo, sendo nessa ação que toma consciência do mundo e dele participa, expressando suas vontades, necessidades e sensações, mostrando que a vida emotiva e a vida fisiológica não estão desconectadas.

Bérgson (1898), citado por Coste (1978, p. 13), apresenta uma proposta para escapar da visão dualista de Descartes afirmando que "o cérebro imprime ao corpo esses movimentos e as atitudes desempenham o que o espírito pensa".

---

* Holístico: teoria segundo a qual o homem é um todo indivisível e que não pode ser explicado pelos seus distintos componentes (físico, psicológico ou psíquico) considerados separadamente.

A partir disso, alguns estudiosos do universo infantil começam a manifestar interesse pelo comportamento sensório-motor, primeiramente Claparède (1917), Montessori (1919) e Piaget (1923).

Freud (1890), a partir de estudos de Charcot (1888), conclui que todo indivíduo é constituído por elementos de sua história e, sobretudo, por incidentes de toda ordem que estabelecem sua relação com o mundo real. Nessa vivência os conhecimentos cristalizam-se quando a criança avança em seus estágios de desenvolvimento.

O enriquecimento das teorias psicológicas e a evolução das visões acerca do corpo favoreceram o surgimento das ideias sobre a psicomotricidade. A partir dos estudos de Dupré (1906), citado por Ajuriaguerra (1983, p. 232), iniciam-se as primeiras tentativas de reflexão sobre o movimento corporal com o objetivo de fazer da função motora base da patologia psiquiátrica, abalizando a debilidade motora em estudos clínicos.

Conforme Le Boulch (1987), os trabalhos de Schultz e de Jacobson, que definiram a relaxação*, mais os estudos de Claparède, Montessori e Piaget sobre o desenvolvimento sensório-motor das crianças, propiciaram uma compreensão maior acerca do corpo humano.

Posteriormente, os trabalhos de Wallon (1949) apresentaram as relações entre o tônus corporal e a emoção, bem como forneceram informações importantes sobre o desenvolvimento de recém-nascidos e a evolução psicomotora da criança.

Na sequência, apresentaremos a fundamentação teórica que subsidia a prática psicomotora, a qual se faz necessária dentro da escola para oportunizar uma formação integral aos alunos.

2.2 Fundamentos da psicomotricidade

Toda área de conhecimento tem em sua base estudos de várias áreas

---

* Relaxação: ato ou efeito de relaxar (se); relaxamento, relaxidão, relaxe.

que se associam com o objetivo de organizar um corpo teórico que dá suporte para as pesquisas que são realizadas em seu âmbito. Em psicomotricidade isso não é diferente. É fundamental que o educador conheça seus conceitos básicos, a fim de compreender sua importância no desenvolvimento infantil e entender por que alguns aspectos da psicomotricidade precisam ser trabalhados com as crianças.

Esquema corporal

O termo *esquema corporal* foi cunhado como resultado de pesquisas de neurologistas, psiquiatras e psicólogos que buscavam compreender a percepção do corpo e de sua integração como modelo e formador da personalidade. O conceito de esquema corporal começa a ser delineado com estudos realizados por Bonnier (1905), citado por Freitas (1999), a respeito das sensações vindas de fora e de dentro do corpo. Nessas pesquisas, foi considerado que alterações patológicas podem determinar o surgimento de distúrbios, como a asquematia (perda da percepção do corpo), a qual pode ser classificada como hiperesquematia (quando a representação ocupa uma área maior do que deveria), hipoesquematia (quando a representação ocupa uma área menor do que deveria) e a parasquematia (confusão ou representação de partes do corpo imprópria ou que não existem).

Pick, citado por Freitas (1999), em 1908, propõe a ideia da "imagem espacial do corpo", estabelecendo relações entre as sensações percebidas pelo corpo e as representações visuais que o indivíduo tem dele, noção que permite a localização das estimulações; é essa imagem que favoreceria a orientação do corpo no espaço.

Com base nessas discussões, Head (1893), citado por Coste (1978), postula a existência de três tipos de esquemas, que possibilitaram o surgimento de uma imagem corporal tridimensional. Os esquemas posturais asseguram a "postura do corpo ou de suas partes no espaço a partir da percepção do tônus muscular necessário para a manutenção dessas posturas"; já os esquemas de superfície do corpo são possíveis por meio da percepção do tato e "certificam a localização dos estímulos periféricos; os esquemas temporais permitem a interpretação temporal dos diferentes estímulos percebidos" (Coste, 1978).

Schilder (1934), em seus estudos, propõe uma imagem corporal que se constrói a partir dos sentidos da experiência vivida, especialmente os visuais, mas também os táteis e os cinestésicos, por meio da relação do corpo com o mundo que o cerca.

As contribuições de Freud, citado por Freitas (1999), foram muito importantes para a compreensão do esquema corporal. Seus estudos definiram o corpo como origem de todas as pulsões* e também como sendo o local em que se inscrevem as experiências do prazer e do sofrimento, ligadas à satisfação ou não de uma necessidade.

Outro estudioso que trouxe consideráveis contribuições foi Wallon, citado por Mello (1989), para quem a criança nasce dependente das pessoas que a cercam; dessa forma, seus comportamentos inscrevem-se em seu corpo a partir de um contexto social e relacional, estabelecendo-se um nexo entre seus movimentos e seus sentimentos. O referido autor apresenta também a ideia do "estágio do espelho", no qual a criança realiza seus movimentos em virtude da observação do outro em movimento e, assim, aprende a mover-se.

Tônus

O tônus** abrange vários aspectos que possibilitam ao indivíduo sua relação com o meio ambiente, pois age na execução de movimentos, sendo percebido em vários níveis:
> participa de todas as funções motrizes (equilíbrio, coordenação, dissociação etc.), sendo veículo de expressão das emoções;

---

* Pulsões: termo da psicanálise que designa tendências permanentes, e em geral inconscientes, que dirigem e incitam a atividade do indivíduo.

** Tônus: termo da fisiologia que se refere à contração muscular leve e contínua, normalmente presente.

> dá suporte à comunicação através da linguagem corporal;
> é um dos critérios de definição da personalidade, pois varia segundo a inibição, a instabilidade e a extroversão do indivíduo.

Uma das questões básicas é entendermos o tônus muscular como um fenômeno nervoso que acontece mesmo sem a execução de movimentos (em repouso), isto é, nossos músculos estão sempre em prontidão para executar algum tipo de movimento. O tônus também é responsável pela manutenção de posturas*. Podemos definir alguns estados que são comuns aos indivíduos, como:

> contração tônica: é um estado de baixa contração muscular. Temos a impressão de que o corpo está relaxado, porém o fato é que o músculo mantém certa forma, esperando um comando para ser contraído ou relaxado num estado de prontidão;
> reflexo miotático: é a condição em que o músculo parece ter uma resistência ao estiramento (alongamento).

O tônus é o responsável pela execução dos movimentos, sendo o seu domínio observado desde o nascimento. Com o desenvolvimento, os gestos e os movimentos ganham precisão e refinam-se de maneira progressiva.

Uma das expressões mais famosas da psicomotricidade é o diálogo tônico. Trata-se do entendimento de que, mesmo sem fazermos uso da palavra falada, nos comunicamos entre nós e com o mundo através de nossas posturas. Muitas vezes, ouvimos as expressões: "você está muito nervoso, veja como está tenso"; "você está preocupado, sinto isso devido à rigidez dos seus músculos do pescoço e dos ombros". Esses

---

* É imprescindível compreendermos que existe uma predisposição do corpo em manter os músculos semicontraídos. Para esclarecer melhor essa situação, podemos dizer que as pessoas tensas são hipertônicas (os músculos estão contraídos) e, quando as pessoas estão relaxadas, encontram-se num estado de hipotonia (os músculos estão descontraídos, relaxados).

breves exemplos mostram que aquilo que sentimos pode ser dito por nosso corpo*, ou seja, existe um diálogo em que nossas sensações e sentimentos são representados por posturas específicas do nosso corpo em vários e diferentes ambientes.

Movimento

Ao falarmos de movimento, devemos ter certo cuidado, pois de modo geral as pessoas utilizam diferentes denominações indistintamente, quando se referem a esse termo, como: reflexos, atos motores conscientes ou não, significantes ou não, normais ou patológicos. Partindo dessa premissa, apontaremos a seguir a definição de cada um desses termos.

› Reflexos: são reações localizadas do corpo relacionadas a estimulações específicas e que surgem ou desaparecem em períodos específicos da vida de um indivíduo.
› Ato motor: é a ação observável de qualquer parte do corpo.
› Ato motor consciente: é a ação observável de qualquer parte do corpo realizada por interesse ou necessidade do indivíduo.
› Ato motor significante: é a ação observável que traz em sua realização a consciência de sua execução, significado que é percebido pelo executante ou por outra pessoa.

Entender as múltiplas denominações relacionadas ao movimento, bem como seus diferentes tipos permite ao professor em sua atuação ter um olhar amplo sobre as sensações, as intenções e os sentimentos de seus alunos, interpretando suas atitudes e gestos não com o objetivo de julgar, mas, sim, de compreender o que desejam comunicar.

Comunicação

Uma das ideias divulgadas por Coste (1978, p. 39) é a de que "comunicação é a propagação de uma informação de um emissor a um receptor",

---

* Para saber mais sobre o assunto, leia: WEIL, P.; TOMPAKOW, R. **O corpo fala**. Petrópolis: Vozes, 2001.

porém existem diferentes contextos de comunicação que devem ser conhecidos pelos estudiosos de psicomotricidade.

Conforme Coste (1978), os filósofos Aristóteles e Descartes já assinalavam que são os elementos da comunicação que distinguem os homens de outros animais, e é a linguagem – em suas várias formas e significados – que nos dá a possibilidade de nos relacionarmos e trocarmos informações sobre o mundo que nos cerca.

Outro fato interessante é que, ao nos apropriarmos de uma forma de comunicação, podemos criar outra derivada da primeira. Como isso se dá? É só observarmos quantas formas diferentes de comunicação já foram criadas: código Morse*, libras**, sinais de trânsito etc. Existem ainda tantas outras que podemos criar para nos divertirmos. Muitos certamente devem lembrar-se de ter brincado com a "língua do p".

Os elementos da comunicação surgem a partir de um esquema em que uma mensagem é construída de acordo com um código previamente combinado (língua portuguesa, libras etc.), devendo existir uma conexão psicológica para a efetiva comunicação humana. Jacobson (1990), citado por Coste (1978, p. 41), chama essa conexão psicológica de *função pática* ou *relação de empatia****, que "é uma função tão importante, que a partir do 10º dia o bebê reconhece o rosto materno e fixa o olhar durante a amamentação. Também é a única função que os animais possuem em comum com o homem."

Toda mensagem é composta de signos**** ou palavras, sendo o significante a palavra pela qual é chamado o objeto (por exemplo, cadeira), e

---

* Código Morse: linguagem criada por Samuel Morse (1835) na qual pontos e linhas representam letras, números e sinais gráficos.

** Libras: sigla de **linguagem brasileira de sinais**, derivada também de outras linguagens dos surdos-mudos.

*** Relação de empatia: tendência do homem para sentir o que sentiria caso estivesse na situação e nas circunstâncias experimentadas por outra pessoa.

**** Signo: articulação de um significante (que é a imagem sonora de um objeto) e de um significado.

significado a determinação de como conhecemos esse objeto e os usos que lhe podemos dar. Com relação à linguagem corporal, podemos dizer que o significado de cumprimentarmos uma pessoa (acenar com a mão, por exemplo) equivale a um significante: "bom dia", "boa tarde", "boa noite", "como vai você".

Dessa forma, existem certas atitudes e comportamentos (de um emissor) que têm sentido para outras pessoas (receptores), sendo entendidos e compreendidos. Depreendemos disso que todos os nossos gestos e atitudes (comportamentos) representam uma ideia, mesmo que não correspondam a uma intenção prévia nossa.

Esses comportamentos comunicativos podem ser de três formas:

a) Inatos: todas as reações primitivas às estimulações externas ou internas que a criança manifesta sob várias formas, desde o nascimento; independem da cultura ou do país de origem das pessoas.

b) Adquiridos: são aqueles que aprendemos durante a nossa vida, como higiene pessoal, danças etc. Na maioria das vezes, as pessoas emitem juízo de valor sobre nós pela interpretação dos comportamentos que apresentamos nas mais diferentes situações.

c) Socioculturais: são os que mais se relacionam à psicomotricidade, pois se referem à gestualidade associada à nossa adaptação aos vários grupos de que participamos.

É por meio desses comportamentos que os homens podem relacionar-se sem muitas vezes falarem a mesma língua, pois a linguagem corporal permite entender as necessidades básicas das pessoas.

Ao considerarmos a linguagem como compreensão-expressão, é possível estabelecer uma relação aproximada entre idade cronológica e desenvolvimento da linguagem.

Quadro 2.1 – Desenvolvimento da linguagem

Idade	Atitude provável	
Até 8 ou 9 meses	A criança passa por uma fase pré-linguística.	(continua)

Idade	Atitude provável
Entre 8 e 18 meses	A criança entra numa etapa de compreensão.
Entre 18 meses e 3 anos	Instala-se o pensamento concreto ou a representação mental dos objetos.
Dos 3 aos 6 anos	É a etapa mais importante para o desenvolvimento da linguagem.
Aos 4 anos	A criança já possui elementos para comunicar-se de maneira social e usa os conceitos verbais para esclarecer as dúvidas. É a época das perguntas.
Aos 5 anos	Seu vocabulário está muito enriquecido.
Aos 6 anos	Vão se modificando as noções de relatividade em função da colocação de seu próprio corpo.

(Quadro 2.1 – conclusão)

Fonte: Elaborado a partir de MUSTSCHELE, 1988, p. 36.

De posse desses conceitos básicos, podemos começar a entender a importância da psicomotricidade no desenvolvimento e na vida do ser humano: nós nos tornamos humanos nas relações que estabelecemos com o meio ambiente e com os outros em nosso dia a dia, e é disso que trataremos no próximo tópico.

2.3 Desenvolvimento psicomotor

A compreensão relativa ao desenvolvimento psicomotor é importante para que o professor, em sua atuação na educação infantil ou nas séries iniciais, possa utilizar-se desses conhecimentos para estimular as crianças de maneira que estas possam ter sucesso em sua vida escolar.

As crianças passam por várias etapas, as quais veremos em particular, com algumas especificações em determinados períodos. Esse desenvolvimento se caracteriza por uma maturação que integra o movimento, o ritmo, a construção espaço-temporal e o reconhecimento dos objetos e das posições, além da imagem ou esquema corporal e da atividade verbo-linguística.

Apresentaremos a seguir a representação dessas maturações nas diferentes áreas por meio de quadros. Alertamos para o fato de que a correspondência entre a idade e a atitude apontada como provável (descritas nos quadros) deve-se à intervenção de diferentes fatores ambientais e às experiências que os indivíduos enfrentam durante sua vida.

No próximo quadro, observamos as possíveis reações da criança diante de um espelho, durante a aprendizagem do esquema corporal.

Quadro 2.2 – Criança diante do espelho

Idade	Atitude provável
Até 3º mês	Permanece insensível à sua imagem.
4º mês	Olha fixamente para a sua imagem.
Até a 17ª semana	Olha para a sua imagem e sorri.
Até a 24ª semana	Volta-se para a pessoa refletida no espelho.
5º mês	Estende a mão para a sua imagem e surpreende-se por encontrar uma superfície lisa e dura.
6º mês	Ri e estende seus braços para a imagem.
12º mês	Executa diante do espelho gestos conhecidos, mas com dificuldades.
14º mês	Passa a mão por detrás do espelho: início do período experimental.
15º mês	Reconhece a dualidade imagem-personagem.
20º mês	Beija a sua própria imagem, depois de ter cumprimentado quem a segura diante do espelho.

Fonte: Adaptado de COSTE, 1978.

Em relação à exploração e ao reconhecimento do próprio corpo pela criança, observemos o quadro s seguir:

Quadro 2.3 – Sobre o próprio corpo

Idade	Atitude provável	
12ª semana	Acompanha com os olhos o deslocamento de suas mãos.	(continua)

universo lúdico e psicomotricidade

Idade	Atitude provável
15ª semana	Acompanha com os olhos os movimentos de seus pés e tornozelos.
17ª semana	Presta grande atenção à sua mão direita.
20ª semana	Dirige a atenção para a sua mão esquerda.
5º ou 6º mês	Leva os pés até a boca.
13º mês	Bate a cabeça contra a cama ou a banheira, enquanto brinca.
12º mês	Ainda confunde a cabeça e os pés de uma boneca.
15º mês	Morde um dedo e é surpreendido pela dor.
19º mês	Tenta separar o pé do corpo para oferecê-lo à mãe.

(Quadro 2.3 – conclusão)

Fonte: Adaptado de COSTE, 1978.

O movimento da preensão e da coordenação óculo-manual ou viso-manual é a atividade mais frequente e mais comum no homem. Ela se manifesta quando pegamos ou lançamos um objeto ao tentar alcançá-lo para escrever, pintar, desenhar, recortar etc. Para sua efetivação, são envolvidos três componentes: objeto, olho e mão.

> Para a realização desse ato é necessária a participação de diferentes centros nervosos motores e sensoriais que se traduzem pela organização de programas motores e pela intervenção de diversas sensações oriundas dos receptores sensoriais, articulares e cutâneos do membro requerido. A maneira pela qual o encéfalo utiliza as informações visoespaciais, das quais se extraem também parâmetros temporais para gerar movimentos guiados pela visão. (Rosa Neto, 2002, p. 14)

Com relação ao desenvolvimento do controle ocular, podemos destacar que a luz se constitui em um elemento de extrema importância na evolução da fixação ocular, pois é sob sua influência que o bebê pode diferenciar pessoas e objetos. O próximo quadro sintetiza como isso se manifesta de acordo com o tempo de vida da criança.

(continua)

Quadro 2.4 – Fixação ocular

Idade	Atitude provável
10° dia	Fixação do olhar.
23° dia	O olhar segue um objeto que se desloca.
3ª semana	Volta os olhos na direção de um som.
7ª ou 8ª semana	A ameaça de um dedo próximo provoca o batimento de pálpebras.
10ª semana	Procura com os olhos a origem de um ruído.
Final do 3° mês	Olha o objeto que acaba de se afastar.
17ª a 30ª semana	A criança estende as mãos e os lábios para os objetos que a cercam.
47ª semana	Larga os objetos e diverte-se vendo-os cair.

Fonte: Adaptado de COSTE, 1978.

(Quadro 2.4 – conclusão)

Já quanto à relação entre a preensão e o olhar, é preciso observar que, ao nascer, uma simples excitação da palma da mão acarreta a flexão e, consequentemente, a preensão de um objeto (conhecido como reflexo palmar). Apresentamos a seguir a idade e a correspondente provável atitude da criança quando da preensão de objetos.

Quadro 2.5 – Preensão de objetos

Ação	Idade	Atitude provável
Agarrar	5 meses	Varredura dos objetos que se encontram em uma superfície vizinha; o braço estendido executa movimentos circulares tentando tocar o objeto.
Agarrar	10 meses	A aproximação é efetuada em linha reta e de forma direta.
Preensão	5 meses	Cúbito-palmar: a mão está num plano vertical, pousada sobre o dedo mínimo; dobra-se com os outros dedos para apertar o objeto contra a palma.

(continua)

universo lúdico e psicomotricidade

Ação	Idade	Atitude provável
Preensão	+/- 7 meses	Preensão palmar simples: o objeto é recolhido à maneira de um rodo, a mão fica num plano horizontal.
Preensão	+/- 8 meses	Estágio rádio-palmar: o polegar opõe-se aos outros objetos, mas permanece muito retesado.
Preensão	9 meses	A pinça fina, gesto complexo que associa o polegar aos outros dedos, começa a ser executada.

(Quadro 2.5 – conclusão)

Fonte: Adaptado de COSTE, 1978.

Com relação à função tônica, chamamos a atenção para como esta se desenvolve no sentido céfalo-caudal e próximo-distal e apresentamos uma síntese do desenvolvimento provável a seguir.

Quadro 2.6 – Desenvolvimento céfalo-caudal e próximo-distal

Idade	Atitude provável
11ª semana	A cabeça não sabe conservar-se direito e ainda volta a cair num sentido ou outro.
A partir do 4º ou 5º mês	A cabeça é capaz de se orientar por um movimento contínuo, equilibrando-se agora sobre o eixo do corpo.
6º mês	A criança adquire a postura sentada.
Entre o 6º e 8º mês	Pode levantar-se e sentar-se.
9º mês	Mantém-se de pé com a ajuda de algo em que se apóie. É a época da locomoção reptante (rasteja), que evolui rapidamente para o quadrupejar.
A partir do 12º mês	Com a aquisição do equilíbrio, a criança realiza os seus primeiros passos, se bem que à extensão dos músculos e dos membros inferiores ainda lhe faça falta.

Idade	Atitude provável
Após o final do 2º ano	A motricidade global se aperfeiçoa, permitindo à criança caminhar de pé.

Fonte: Adaptado de COSTE, 1978.

Quanto à estruturação espaço-temporal, é fundamental sabermos como a criança organiza as noções de tempo, espaço, distância e ritmo, pois elas lhe permitem não só movimentar-se no espaço, mas também coordenar seus gestos e movimentos e organizar sua vida cotidiana.

2.4 Avaliação psicomotora

Devido à importância da psicomotricidade para a vida do indivíduo, é imprescindível que pensemos em como auxiliar nossos alunos através de atividades psicomotoras, as quais devem ser efetivamente oportunizadas a eles.

A avaliação psicomotora tem grande valor, pois possibilita ao professor verificar se os conhecimentos e as atividades propostas estão adequados e cumprindo suas funções. Dessa forma, os alunos devem ser avaliados nesse sentido. É importante lembrarmos que essa avaliação deve ser feita por psicólogos e com o objetivo de verificar:

> a dinâmica da coordenação psicomotora e sensório-motora;
> o equilíbrio;
> a percepção;
> a linguagem;
> a lateralidade;
> o perfil.

Existem vários trabalhos que podem ser utilizados como base para a realização da avaliação psicomotora. Masson (1985) destaca os de Brunet e Lézine, Binet-Simon, Terman e Terman-Merrill. Seguem algumas atividades sugeridas pelo autor (Masson) para se proceder à verificação da coordenação psico e sensório-motora, da coordenação dinâmica, do equilíbrio, da percepção, da linguagem e da lateralidade.

Para a verificação da coordenação psicomotora e sensório-motora, devemos observar se a criança:

> (com dois anos) monta torres com quatro cubos;
> (com dois anos e meio) monta torres com seis cubos;
> (com três anos) monta uma ponte utilizando cubos;
> (com quatro anos) enfia a linha numa agulha;
> (com cinco anos) faz um nó em barbante.

A coordenação dinâmica pode ser avaliada observando-se se a criança:

> (com dois anos) sobe e desce, com apoio, em um banco de 15 cm;
> (com dois anos e meio) salta com os dois pés juntos;
> (com três anos) salta sobre uma corda estendida no solo, com os pés juntos;
> (com quatro anos) saltita no mesmo lugar, com as pernas ligeiramente flexionadas e desprende-se do solo;
> (com cinco anos) salta sobre um elástico a 20 cm do solo, com os pés juntos.

O equilíbrio pode ser avaliado observando-se se a criança:

> (com dois anos) sobe num banco de 15 cm, fica imóvel com pés e braços estendidos ao lado do corpo;
> (com dois anos e meio) mantém-se sobre uma perna flexionando a outra durante um minuto;
> (com quatro anos) com os olhos abertos, pés juntos, mãos espalmadas, flexiona o tronco em ângulo reto e fica nessa posição por dois minutos;
> (com cinco anos) mantém-se na ponta dos pés, olhos abertos, braços estendidos ao longo do corpo, pés e pernas unidos.

A percepção pode ser avaliada observando-se se a criança:
- (com dois anos) organiza três objetos de tamanhos diferentes em ordem por tamanho;
- (com dois anos e meio) organiza objetos e coloca-os em linha;
- (com três anos) coloca os objetos com as pontas – frentes – voltadas para um dos lados;
- (com quatro anos) organiza objetos por largura e comprimento;
- (com cinco anos) monta um quebra-cabeça.

A linguagem pode ser avaliada observando-se se a criança:
- (com dois anos) tem linguagem espontânea;
- (com três anos) repete uma frase com seis ou sete palavras;
- (com quatro anos) repete frases maiores;
- (com cinco anos) repete frases mais complexas.

A lateralidade pode ser avaliada observando-se se a criança:
- (com dois anos) joga bolas com as mãos;
- (com dois anos e meio) coloca cubos em caixas;
- (com três anos) distribui cartas;
- (com quatro anos) olha detalhes de um cartaz;
- (com cinco anos) mostra domínio dos pés chutando bolas.

2.5 Possibilidades na escola

Uma forma que pode ser usada para trabalhar a psicomotricidade com os alunos da educação infantil e das séries iniciais é a utilização dos circuitos de atividades psicomotoras, os quais são definidos por Aranda e Cases (2002, p. 12) como "trabalho realizado numa forma contínua de exercícios que se sucedem, um após o outro, atendendo a técnicas próprias de execução. Apresentam um início e um final, bem definidos, e também uma ordem de execução".

Com relação à organização do circuito psicomotor, é importante considerarmos que o número de exercícios ou estações pode ser de seis a dezoito; outro fator a ser observado é a utilização de exercícios que trabalhem alternadamente grupos musculares ou conceitos psicomotores, sendo que o número de repetições depende do estímulo das crianças em realizar as atividades.

Cumpre atentarmos para o fato de que a psicomotricidade na escola remete a vários conceitos apresentados anteriormente, os quais podem ser relacionados às atividades cotidianas escolares. Por exemplo, quando os alunos estão cantando cantigas de roda, é preciso observar quais conceitos da psicomotricidade estão envolvidos nessa prática: cantar pressupõe o desenvolvimento da linguagem, do ritmo; estar em roda trabalha as noções de espaço e equilíbrio, a coordenação motora global e a interação entre os participantes. Outros pontos significantes que podem ser analisados, são os pilares da educação "aprender a viver juntos" e "aprender a ser", pois quanto mais o aluno tiver sua autoestima elevada, mais irá expor-se cantando uma música e fazendo os gestos que esta solicita. Poderíamos enumerar outros tantos benefícios que essa atividade em particular pode trazer para os alunos.

Então, leitor, se você é um profissional da educação, aproveite essa ideia e analise as seguintes atividades, registrando quais são os benefícios que elas podem trazer ao desenvolvimento psicomotor dos alunos.

1) Andar pela sala de aula no ritmo de várias músicas

Conceito psicomotor	Representado por
Coordenação psicomotora	
Coordenação sensório-motora	
Equilíbrio	
Percepção	
Linguagem	

Conceito psicomotor	Representado por
Lateralidade	

2) Pular corda

Conceito psicomotor	Representado por
Coordenação psicomotora	
Coordenação sensório-motora	
Equilíbrio	
Percepção	
Linguagem	
Lateralidade	

3) Jogar cinco-marias

Conceito psicomotor	Representado por
Coordenação psicomotora	
Coordenação sensório-motora	
Equilíbrio	
Percepção	
Linguagem	
Lateralidade	

4) Brincar de pega-pega

Conceito psicomotor	Representado por
Coordenação psicomotora	
Coordenação sensório-motora	
Equilíbrio	
Percepção	
Linguagem	
Lateralidade	

CASO DE ENSINO 2 – A COORDENAÇÃO MOTORA

Conforme foi observado na dimensão da psicomotricidade, o corpo deve receber estímulos diversificados para seu desenvolvimento harmônico. Segundo Petry (1986, p. 8),

> *O corpo é um campo de expressão, e o movimento um meio de a expressão se realizar; e é através da educação física que a criança descobre suas capacidades cinéticas (de movimento). Expressa-se com seu corpo, em seu corpo, com o movimento igual ao que faz com a palavra, a escrita ou o desenho.*

Nesse sentido, a professora Fabiane*, que trabalha com crianças de séries iniciais do ensino fundamental, buscou ampliar a percepção corporal dos alunos. Recordando-se de suas experiências de infância e de alguns cursos realizados, a professora pensou em organizar com seus alunos circuitos de movimento, que proporcionam muita criatividade e diversidade de movimentos.

Lembramos mais uma vez o que são circuitos psicomotores:

Um circuito de movimento é uma sequência fechada em que podem ser criadas diferentes propostas de deslocamento (corridas, saltos, equilíbrio, coordenações) que, individualmente, ampliam o "vocabulário motor" do aluno e, coletivamente, exercitam a organização do grupo, tanto na montagem quanto na execução do circuito.

Para a montagem do circuito, a professora Fabiane reuniu o material disponível na escola: bambolês, bolas de borracha, cordas grandes, bastões, pneus, além de caixas de papelão, entre outros diversos

---

* Embora o nome utilizado aqui seja fictício, o caso relatado se refere a experiências e práticas educacionais vivenciadas pelos autores desta obra.

materiais. É preciso lembrar que a criatividade muitas vezes é mais importante que a quantidade de material.

A primeira etapa desenvolvida pela professora foi destinar alguns minutos em classe para que os alunos pensassem no circuito. Em seguida, apresentou o material disponível (bambolês, bolas de borracha, giz, cordas, bastões, pneus, caixas de papelão etc.) e orientou os alunos para pensarem um projeto de um circuito de movimento a ser montado no centro do pátio, com a utilização do material disponibilizado. Como as crianças não estavam conseguindo pensar o circuito "só no papel", a própria professora organizou uma proposta e fez com que todos a vivenciassem. O circuito foi bem simples, apenas com pequenas corridas e saltos, como está indicado na figura a seguir.

Figura 2.1 – Circuito de movimento simples

Atividades do circuito de movimento apresentado na Figura 2.1:
› Correr próximo da marcação do giz.
› Saltar sobre o bastão apoiado em tijolos.
› Ziguezaguear entre as bolas de borracha.
› Arrastar por baixo do bastão apoiado nos tijolos.

Os alunos adoraram os desafios e entenderam com a vivência o que era para fazer. A partir disso, era comum ver as crianças no recreio criando os movimentos. Nos momentos de aula, elas os desenhavam no quadro e, por fim, fecharam o circuito de movimento da turma incluindo todo o material disponibilizado pela professora. Ele ficou assim:

Figura 2.2 – Circuito de movimento elaborado pelos alunos

Atividades do circuito de movimento representado na Figura 2.2:
› Ziguezaguear entre bolas.
› Pular amarelinha nos bambolês (passar em velocidade).
› Andar sobre a corda grande (procurando manter os pés na corda).
› Andar sobre caixas de papelão (da menor para a maior).
› Passar por baixo dos bambolês (apoiados em tijolos).
› Passar "zerinho" pela corda (girada por dois colegas).

Houve o exercício do grupo no sentido de coordenar as ações, ou seja, só quando um aluno estava na "estação 2" (amarelinha) é que o seguinte iniciava o circuito. Fabiane surpreendeu-se com a criatividade, ou melhor, com a inteligência corporal de seus alunos, os quais a cada semana criavam **novos** movimentos, com outros materiais. Aproveitou também para reforçar conceitos de seriação, sequência, entre outros, associados aos movimentos.

Leitor, se você estiver lecionando, observe a sua realidade e a seguir expresse sua ideia de como seria um circuito de movimento com sua turma. Quais seriam o espaço e o material utilizados? Lembre-se de que o ideal é construir o circuito com o grupo de alunos e fazer com que o processo inclua a criação, o desenho, a explicação e a execução.

Imagine como pode ser o circuito de movimento na sua escola, com seus alunos e descreva-o (ou desenhe).

capítulo 3

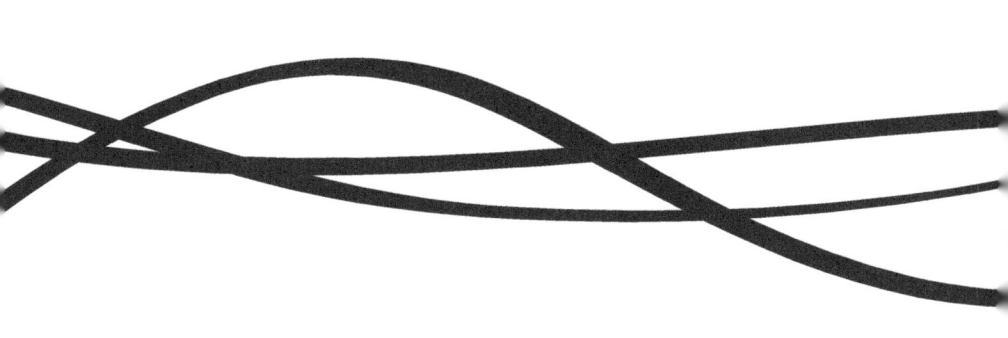

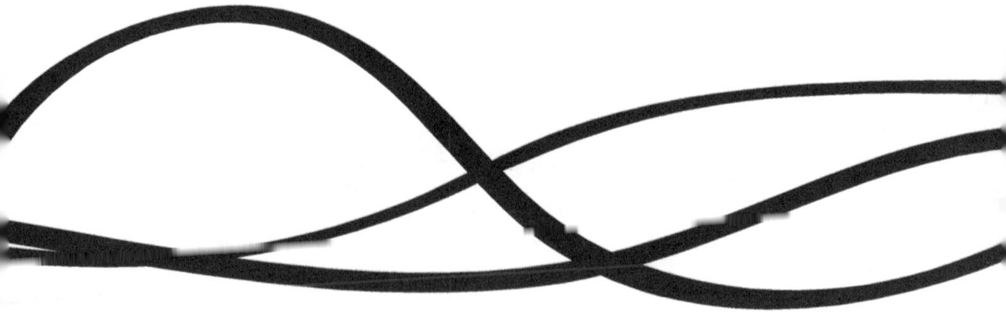

O universo do lúdico

A ludicidade como um dos principais eixos norteadores do processo ensino-aprendizagem é o enfoque central deste capítulo. Nessa perspectiva, a brincadeira, o jogo e o brinquedo, enfim, as atividades lúdicas, devem se fazer presentes como recurso didático no processo educacional, principalmente na educação infantil e nas séries iniciais do ensino fundamental. Compreender esse universo lúdico torna-se imprescindível para o bom desenvolvimento do trabalho pedagógico efetivado pelo professor.

3.1 Considerações sobre o lúdico e a educação

As preocupações relacionadas à educação existem há muito tempo, principalmente aquelas que tratam do ensinar e do aprender. As questões de como ensinar envolvendo e estimulando o aluno a aprender estão presentes em diferentes períodos na história, constituindo-se numa das importantes preocupações dos educadores.

Aguiar (2002) nos auxilia a direcionar o olhar para épocas passadas nas quais o jogo já era visto por vários estudiosos como uma atividade bastante rica, no sentido de apontar possibilidades pedagógicas para o desenvolvimento de conhecimentos em inúmeras áreas. Essa valorização aparece em diferentes épocas nas quais a utilização do jogo já era evidenciada como importante ferramenta auxiliar no processo de educação da criança. Platão (347 a.C.), dezenas de séculos atrás, já preconizava que os primeiros anos da criança deveriam ser ocupados com jogos educativos, sendo que ele mesmo ensinava matemática às crianças em forma de jogo. Froebel (1826), que foi o primeiro pedagogo a incluir o jogo no sistema educativo, acreditava que as crianças aprendem através do brincar e que sua personalidade pode ser aperfeiçoada e enriquecida pelo brinquedo. Nesse contexto, a principal função do professor é fornecer situação e materiais para o jogo.

Ainda com Aguiar (Aguiar, 2002, p. 36-42) podemos perceber que a valorização do jogo no processo educativo das crianças continua sendo evidenciada pelos educadores contemporâneos:

> *Claparède (1940) afirma que a criança é um ser feito para brincar, e que o jogo é um artifício que a natureza encontrou para envolver a criança numa atividade útil ao seu desenvolvimento físico e mental. [...] Jacquin (1963) enfatiza que o jogo tem sobre a criança o poder de um excitador universal. Diz que o jogo facilita tanto o progresso da personalidade integral da criança como o progresso de cada uma de suas funções psicológicas, intelectuais e morais. Partindo da consideração de que as atividades lúdicas podem contribuir para o desenvolvimento intelectual da criança, Cratty (1975) sugere a utilização de atividades motoras sob a forma de jogos para o domínio de conceitos [...] e para o desenvolvimento de algumas capacidades psicológicas, tais como: memória, avaliação e resolução de problemas. [...] Piaget (1962 e 1976) diz que a atividade lúdica é o berço obrigatório das atividades intelectuais da criança, sendo, por isso, indispensável à prática educativa. [...] Vygotsky (1989a) diz que é enorme a influência do brinquedo no desenvolvimento da criança. No brinquedo a criança cria e expressa uma situação imaginária. [...] Para Vygotsky, no brinquedo a criança projeta-se nas atividades adultas de sua cultura e ensaia seus futuros papéis e valores.*

Freire (1989) dá sua contribuição para o aprofundamento dessa questão, apontando uma concepção diferenciada acerca do processo educativo da criança e evidenciando a importância de ela vivenciar corporalmente tudo o que aprende na escola. O referido autor destaca que os conceitos temporais e numéricos, entre outros, são tradicionalmente desenvolvidos nas atividades de escrever, desenhar e recortar e defende que esses conhecimentos podem ser trabalhados num contexto de jogos motores, de forma a associar a tarefa da escola mais diretamente com as características próprias da criança.

Esses estudos evidenciam a importância das atividades lúdicas, principalmente do jogo, na aprendizagem infantil, destacando que são uma fonte de prazer e descoberta para a criança. O lúdico tem grande valor educativo e pode ser utilizado na escola como um dos recursos didáticos no processo de ensino-aprendizagem, contribuindo com o desenvolvimento de atividades didático-pedagógicas.

Nessa perspectiva, o jogo é educativo e imprescindível, pois possibilita à criança uma aprendizagem através de vivências corporais, por meio dos quais pode experimentar sensações e explorar as possibilidades de movimento do seu corpo e do espaço, adquirindo um saber globalizado a partir de situações concretas.

O movimento corporal nesse "jogar" é importante para o processo de desenvolvimento infantil, pois garante a aprendizagem das crianças. Ressaltamos que ele está presente em todas as atividades lúdicas, as quais contribuem de maneira significativa para o processo de construção do conhecimento pelo indivíduo.

3.2 A ludicidade na prática docente

Muitos autores discutem a utilização de jogos na educação, quer assinalando sua importância, quer observando seus limites e os cuidados que exigem. Compreender o lugar do jogo no espaço educativo torna-se imprescindível para que esse recurso possa ser utilizado adequadamente.

Entre as questões que envolvem o processo de ensino-aprendizagem, entendemos que nossa prática docente também é constantemente objeto de reflexão, principalmente a maneira como tratamos e abordamos os diferentes conhecimentos, bem como o envolvimento dos nossos alunos nesse processo e o fato de realmente estarem aprendendo.

Sabemos que, quando falamos de criança, o universo da fantasia não pode ser desconsiderado, mesmo, e principalmente, quando a questão é conhecer e aprender.

Nesse sentido, leitor, algumas reflexões iniciais são necessárias: Por que as crianças brincam? Será que brincar é coisa só de criança? É possível brincar ensinando ou é possível ensinar brincando? Há tempo para brincar e tempo para estudar? Brincadeira é coisa séria?

O educador em sua ação, na educação infantil e nas séries iniciais do ensino fundamental, deve considerar essas questões ao refletir sobre sua prática pedagógica. A ludicidade deve ser um dos principais eixos norteadores do processo de ensino-aprendizagem, pois possibilita a organização dos diferentes conhecimentos numa abordagem metodológica com a utilização de estratégias desafiadoras. Assim, a criança fica mais motivada para aprender, pois tem mais prazer em descobrir e o aprendizado é permeado por um desafio constante.

A prática pedagógica com um caráter lúdico possibilita também ao professor organizar as atividades pedagógicas com as crianças de maneira a permitir-lhes vivenciar as situações de ensino-aprendizagem com seus pares, elaborando seus conhecimentos, conquistas e dificuldades.

No brincar, casam-se a espontaneidade e a criatividade com a progressiva aceitação das regras sociais e morais.

O brincar pode ser entendido como a capacidade de criar da criança e está relacionado com as suas vivências. Toda brincadeira é uma imitação transformada, no plano das emoções e das ideias, de uma realidade anteriormente experienciada. No ato de brincar, os sinais, os gestos, os objetos e os espaços valem e têm um significado diferente daquele que aparentam ter. A brincadeira favorece na criança a melhoria da autoestima e contribui para a interiorização de determinados modelos de adulto presentes nos diversos grupos sociais.

A brincadeira é assunto sério. É justamente quando a criança viaja na imaginação que ela experimenta o mundo e "treina" para ser gente grande.

Alguns estudiosos consideram o jogo uma atividade vital e um dos elementos preponderantes do universo infantil, de fundamental importância para a humanização. Para a criança, o ato de brincar e jogar desempenha o mesmo papel, em nível de importância, que o trabalho produtivo para os adultos.

As situações vivenciadas através das brincadeiras e dos jogos possibilitam o desenvolvimento da sociabilidade, da linguagem, da coordenação motora, da noção espacial e corporal. Podemos dizer que a criança, quando brinca e joga, também treina para um melhor convívio social, pois aprende a cumprir regras, trabalhar em grupo, conhecer e desafiar limites, ao mesmo tempo em que melhora sua agilidade e perspicácia diante das situações que aparecem durante as brincadeiras e os jogos.

Portanto, podemos afirmar que a brincadeira é algo muito sério e fundamental quando falamos de criança e aprendizagem. O ato de brincar contribui para um melhor desenvolvimento da criança em todos os aspectos: físico, afetivo, intelectual e social.

Brincando, a criança organiza e constrói seu próprio conhecimento e conceitos, relaciona ideias, estabelece relações lógicas, desenvolve a expressão oral e corporal, reforça as habilidades sociais e reduz a agressividade.

A escola deve oferecer condições, relacionadas a espaços e materiais, entre outros aspectos, que possibilitem o desenvolvimento de projetos e planejamentos que privilegiem a ludicidade.

Também é importante para o desenvolvimento infantil que na escola o tempo livre das crianças (no intervalo, no recreio etc.) seja valorizado, pois é através das brincadeiras que elas criam e vivenciam, interagem umas com as outras, trocam conhecimentos e experiências. É necessário lembrar que, para brincar, é preciso que as crianças tenham certa independência na escolha de seus companheiros e dos papéis que assumirão no desenrolar da atividade.

Brincando, jogando e movimentando-se, as crianças aprendem, interagem, experimentam sensações, ampliam seus conhecimentos, expressam-se, divertem-se e trocam experiências.

As crianças podem ampliar cada vez mais o conhecimento que têm sobre brincadeiras e jogos. Nesse sentido, o professor desempenha um papel muito importante, o de mediador no processo de resgate das cantigas, dos brinquedos cantados, das brincadeiras e dos jogos infantis. Dessa forma, está contribuindo para ampliar parte desse universo lúdico, que integra a cultura e deve ser transmitido de geração a geração. É no espaço da escola que a criança deve ter acesso garantido a esse conhecimento.

Muitas brincadeiras e jogos praticados por gerações passadas, na sua maioria, eram realizados de forma coletiva e possibilitavam uma maior variedade de movimentos. Boa parte dessas atividades lúdicas – bastante significativas – perdeu-se e foi até esquecida. Consideramos que o professor tem a competência para ser o mediador no resgate de grande parte desse conhecimento, utilizando como fonte de pesquisa sua própria infância, na qual sua geração, de modo geral, teve a oportunidade de vivenciar muitas brincadeiras e jogos, riquíssimos em movimentos, vocabulário e significado cultural.

CASO DE ENSINO 3 – BRINQUEDO CANTADO

Tentando reavivar o brinquedo cantado de gerações passadas, vamos recorrer a um caso de ensino relatado pela professora Júlia[*] que coincidentemente contribuiu com nossas discussões:

> *Trabalhar brinquedos cantados relacionados com as questões do folclore foi de fundamental importância para meus alunos da classe de alfabetização, pois instigá-los à investigação, à curiosidade, a questionamentos*

---

[*] Embora o nome utilizado aqui seja fictício, o caso relatado se refere a experiências e práticas educacionais vivenciadas pelos autores desta obra.

e reforçar a expressividade foram os objetivos principais da temática. Para meu espanto, ao questionar os alunos sobre qual brincadeira gostariam de realizar, dentre as pesquisadas em casa com os pais, quase que a unanimidade foi a do "corre cutia". Uma musiquinha simples, com movimentos simples, mas de agrado geral tanto pelos alunos quanto pelos pais. Quando me propus a ensinar a letra, outra surpresa, todos sabiam. "Corre cutia de noite e de dia, corre cutia na casa da tia, corre cipó na casa da vovó, lencinho na mão, caiu no chão". Quando questionei se sabiam o que era uma cutia, a maioria dos alunos disse:

— É um animal roedor, professora!
— Ótimo!

Quando questionei se sabiam como se brincava, houve silêncio.
— Então, vou ensinar. Querem aprender?

Alegria geral! E os movimentos foram saindo espontaneamente, cada criança gesticulava à sua maneira. Ao mesmo tempo, fui introduzindo movimentos mais aprimorados do brinquedo cantado seguindo uma ordenação e sequência até que culminamos com os movimentos do "lenço atrás". Além da expressividade que o brinquedo requer, outros movimentos e atividades foram desenvolvidos como: leitura e interpretação da letra da cantiga, rimas, pinturas, pesquisas, pequenas produções de textos coletivos e novos movimentos corporais. O interessante foi o retorno imediato a todas as propostas feitas. Neste trabalho surgiram outras produções de brinquedos cantados tendo como base os animais, acompanhados de novas representações corporais, entre eles o "passa--passa gavião" – "Passa-passa, gavião, todo mundo é bom, as lavadeiras fazem assim, assim, assim, assim, assado, carne seca com ensopado". A interpretação da letra acabou por introduzir o estudo de outras profissões (além da lavadeira), sugeridas pelas crianças. Ao final, cada um escolheu uma profissão para colocar na música e representar corporalmente (professor, médico, costureira, dentista, bombeiro, faxineira, padeiro, *frentista, enfermeira). O intuito dessa atividade foi mostrar que a linguagem corporal está presente em todas as atividades da sala de aula e que, além do caráter lúdico e alfabetizador, possibilita a construção de novos conhecimentos pelas crianças.*

Hoje as brincadeiras e os jogos que as crianças conhecem e praticam apresentam, em sua maioria, menor variedade de movimentos, sendo vivenciados de forma mais individual, além de serem em quantidade reduzida. Nesse sentido, o professor pode contribuir para que os alunos tanto ampliem o conhecimento em relação ao universo lúdico, como também se beneficiem em todos os aspectos de seu desenvolvimento.

Por meio das brincadeiras e dos jogos, as crianças podem aprender muitas coisas que vão além do jogar, entre as quais podemos citar: ter persistência e empenhar-se para conseguir alcançar seus objetivos, mesmo diante de obstáculos e dificuldades (resiliência); procurar soluções para situações problemas (aprender a conhecer); selecionar e testar estratégias adequadas para cada situação diferenciada do jogo (aprender a fazer); cooperar com seus colegas para que todos possam beneficiar-se e ter êxito (aprender a viver juntos); superar limites, conhecer e controlar suas reações diante de situações adversas, respeitar as opiniões e as limitações dos colegas (aprender a ser).

Esses e outros benefícios podem ser alcançados a partir das várias vivências de jogos, mas é necessário que o educador tenha o conhecimento necessário e adequado para desenvolver sua ação pedagógica de forma competente e compromissada. Através dessa vivência lúdica a criança também aprende conceitos, estabelece e experimenta formas diferenciadas de relacionar-se com seus pares: trocando ideias, cedendo, opinando, tolerando, sentindo e cooperando. Esse aprendizado não se limita apenas ao período da infância; faz-se presente em todas as outras fases da vida. Assim, para Orlick (1989, p. 108), "Se os padrões das brincadeiras preparam as crianças para os seus papéis como adultos, então será melhor nos certificarmos de que os papéis para os quais elas estão sendo preparadas sejam desejáveis".

Veremos na sequência alguns conceitos para que possamos conhecer as proximidades e as diferenças entre os principais componentes do universo lúdico.

3.3 Alguns conceitos: jogo, brincadeira e brinquedo

As atividades lúdicas cada vez mais têm sido utilizadas por profissionais que se dedicam ao trabalho com crianças. O uso de atividades como o jogo, a brincadeira e o brinquedo podem variar de acordo com os objetivos que o profissional se propõe a alcançar.

Neste trabalho, nossa proposta é mostrar a atividade lúdica como um recurso didático, que pode ser utilizado pelo educador como uma ferramenta a fim de contribuir para o enriquecimento de sua prática pedagógica, tornando o processo de aprender mais atrativo, motivante e significativo para as crianças.

A presença da ludicidade no processo de ensino-aprendizagem é de fundamental importância, principalmente quando se trata de criança. Podemos dizer que ela envolve o universo da brincadeira, do jogo, do brinquedo e da própria atividade lúdica.

Embora os significados dados aos termos **jogo**, **brinquedo** e **brincadeira** se justaponham, pesquisadores que se dedicam a estudá-los mostram que existem diferenças, caracterizando-os a partir do seu uso, da ação contida em cada um e do comportamento que eles suscitam.

Oliveira, citado por Carvalho (1999, p. 91), ao fazer a caracterização do brinquedo, propõe: "trata-se de um objeto, palpável, finito e materialmente construído, podendo-se constituir segundo formas variadas de criação, desde aquelas artesanais até as inteiramente industrializadas".

Esse mesmo autor faz uma distinção entre brinquedo,

brincadeira e **jogo**, julgando que, quando falamos de brinquedo, estamos dando a conotação de objeto com um sentido de gratuidade, de adesão descomprometida e com a finalidade de distração. Já as expressões brincadeira e jogo implicam ação coletiva em uma prática que sugere destreza, desejo de vencer e de disputa.

Para Friedmann (1996) e Volpato (1999), citados por Almeida e Shigunov (2006, p. 70),

> *a brincadeira refere-se ao comportamento espontâneo ao realizar uma atividade das mais diversas. O jogo é uma brincadeira que envolve certas regras, estipuladas pelos próprios participantes. O brinquedo é identificado como o objeto de brincadeira. A atividade lúdica compreende todos os conceitos anteriores.*

Dessa forma, entendemos que a brincadeira está mais ligada ao sentido de gratuidade, de uma ação livre de compromisso, com possibilidade da existência de regras flexíveis e determinadas, enquanto a brincadeira durar, por aqueles que dela participam. O jogo também possui regras que são modificadas, geralmente, quando o interesse daqueles que jogam diminui, sendo, portanto, também flexíveis. O brinquedo é o objeto manuseado, manipulado no desenvolvimento da atividade lúdica, portanto pode ser utilizado como tal também nos jogos (Almeida, 2006).

Kishimoto, citada por Carvalho (1999, p. 92), faz uma diferenciação entre esses termos, propondo que o brinquedo deve ser entendido como "objeto, suporte de brincadeira, brincadeira como a descrição de uma conduta estruturada, com regras e jogo infantil para designar tanto o objeto e as regras do jogo da criança (brinquedo e brincadeiras)".

Cabe destacar que o jogo pode ser utilizado, como recurso didático, em várias áreas do conhecimento, pois é uma ferramenta que oferece inúmeras possibilidades para enriquecer o processo de ensino-aprendizagem, principalmente para motivar o aluno, pois por meio do manuseio de materiais (brinquedo), da expressividade através dos movimentos, brincando e jogando, a criança pode incorporar os conhecimentos de forma concreta, aprendendo lúdica e prazerosamente.

Mas por que para a criança é importante brincar?

O ato de brincar desempenha um papel importante na infância, pois é brincando que a criança aprende e se desenvolve, experimenta e interage, relacionando aquilo que vivencia com o que observa a sua volta, estabelecendo as relações necessárias para a aquisição do conhecimento.

Podemos dizer que a aprendizagem se dá de forma mais significativa se a criança vivenciar as situações pedagógicas através do movimento, experimentando, realizando, sentindo, percebendo, e tudo se dá pelo corpo. As brincadeiras e os jogos ocupam o papel principal nessa vivência, pois fazem parte do universo infantil.

A escola deve priorizar, em seu projeto político-pedagógico, o desenvolvimento de atividades que privilegiem o lúdico. Os educadores, por sua vez, no espaço da sala de aula, devem fazer da ludicidade um dos principais eixos norteadores de sua prática pedagógica.

3.4 A importância da vivência lúdica no desenvolvimento da criança

A importância do jogo no universo da criança, tanto no período da educação infantil como nas séries iniciais do ensino fundamental, tem sido evidenciada por vários estudiosos da aprendizagem e do desenvolvimento como um fato indiscutível, no sentido de que as crianças brincam grande parte de seu tempo e também porque o jogo constitui um dos recursos de ensino mais eficientes para a criança adquirir conhecimentos sobre a realidade.

Sabemos que o processo de educação escolar ocorre com ênfase, principalmente, em processos verbais, através de palavras, símbolos e códigos. No período da educação infantil, há acordo entre os estudiosos quanto ao benefício de se ensinarem conceitos por intermédio de atividades lúdicas, mediadas pela linguagem oral e gestual (motora) e por objetos e figuras. Há também consenso quanto ao fato de que a educação infantil e as séries iniciais do ensino fundamental constituem a época por excelência para a aquisição de repertórios conceituais considerados básicos para aquisições acadêmicas posteriores. Entre os prerrequisitos necessários para essas aquisições, podemos citar o domínio de conceitos temporais, numéricos e relacionais.

Freire (1989), em referência ao processo de educação escolar das crianças, principalmente nas séries iniciais, afirma que se trata de um universo em que os atos motores são indispensáveis para a criança, tanto na relação com o mundo como na compreensão dessas relações.

O autor nos explica essa questão esclarecendo que, de um lado, existe a atividade simbólica, solicitada pela escola, e, de outro, o mundo concreto, com o qual o aluno se relaciona. Assim, como o que liga esses dois fatores é a atividade corporal, somente por intermédio desta é que a criança passa do mundo concreto às representações mentais, pois ela transforma em símbolos aquilo que pode experienciar corporalmente (o que ela vê, cheira, pega, chuta, aquilo de que corre e assim por diante). Nesse sentido, o movimento poderia ser um instrumento para facilitar a aprendizagem de conteúdos diretamente ligados ao aspecto cognitivo.

Freire (1989) defende uma "educação de corpo inteiro", que, segundo ele, possui três dimensões: a educação da sensibilidade, que se daria pela entrada de estímulos; a educação da motricidade, que se daria e se expressaria pelo movimento; a educação do símbolo, em que seria utilizado o universo da fantasia, o qual faz parte do mundo da criança e está mais próximo dela.

Assim, a questão motora assume um grande alcance na atividade da criança, sendo muito importante que as situações sejam planejadas especialmente para trabalhar o movimento em suas várias dimensões, oportunizando-se espaço para sua efetivação em todos os momentos da rotina diária, de modo a incorporar os diferentes significados que lhe são atribuídos pelos familiares e pela comunidade.

Desse modo, é fundamental que o trabalho pedagógico com o movimento envolva a expressividade e a mobilidade própria das crianças. Compreender o caráter lúdico e expressivo das manifestações da motricidade infantil pode ajudar o professor a organizar melhor a sua prática, levando em conta as necessidades das crianças.

Para Aguiar (2002, p. 36), é no período da educação infantil e das séries iniciais do ensino fundamental, por meio da brincadeira e da fantasia, que a criança adquire a maior parte de seus repertórios cognitivos, emocionais e sociais. "O jogo é reconhecido como meio de fornecer à criança um ambiente agradável, motivador, planejado e enriquecido, que possibilita a aprendizagem de várias habilidades".

A atividade lúdica do jogo possibilita à criança vivenciar a brincadeira e a fantasia, sendo reconhecida por grande parte dos educadores como uma ferramenta didática que oferece inúmeras possibilidades pedagógicas. Tal reconhecimento ocorre há algum tempo, por parte de educadores que já defendiam sua utilização visando à melhoria da aprendizagem escolar das crianças.

3.5 Características do jogo

Conforme Finck (1995), alguns dos elementos que caracterizam o jogo são a ludicidade, a alegria, o prazer, a competição e a tensão. No jogo, o ritmo de sua execução e as regras são estabelecidas pelos participantes, sendo os movimentos compatíveis com as possibilidades de execução de cada um dos componentes do grupo. A competição se faz presente na disputa entre os participantes que tentam superar os desafios obedecendo às regras, mas o prazer, o divertimento e o brincar são predominantes no desenvolvimento do jogo. A ordem, a tensão, a alegria, o movimento, a mudança, a solenidade, o ritmo e o entusiasmo caracterizam o jogo em sua ludicidade, remetendo os participantes para um mundo diferente, o que leva a uma separação espacial em relação à vida cotidiana. É dentro desse ambiente que o jogo se processa e que suas regras têm validade.

A competição está presente no jogo na forma de desafio, levando a criança a tentar superar suas próprias dificuldades e servindo também como elemento motivador para sua aprendizagem. A vitória é um dos objetivos, e não o único, sendo que as regras são construídas com a possibilidade de ser modificadas por aqueles que participam do jogo; respeitá-las é necessário para que o jogo não perca o encanto, e o adversário é visto sobretudo como companheiro, pois sem ele não haveria o prazer de jogar, de desafiar (Finck, 1995).

O jogo é entendido por Mello (1993, p. 61) como:

uma atividade ou ocupação voluntária, onde [sic] o real e a fantasia se encontram, que possui características competitivas, ocorre num espaço físico e de tempo determinados, desenvolve-se sob regras aceitas pelo grupo de participantes, e são, em geral, a habilidade física, o desempenho intelectual diante das situações de jogo, e às vezes a sorte, os componentes responsáveis pela determinação dos seus resultados. Com frequência, sua prática se dá num clima de tensão e expectativa, principalmente face ao desconhecimento antecipado do resultado final.

A utilização do jogo como recurso didático pelo educador pode contribuir para o aumento das possibilidades de aprendizagem da criança, pois por meio desse recurso ela pode vivenciar corporalmente as situações de ensino-aprendizagem, exercendo sua criatividade e expressividade, interagindo com outras crianças, exercitando a cooperação e aprendendo em grupo. Assim, com o jogo, o professor possibilita à criança o acesso ao conhecimento a partir da vivência, da troca e da experiência, propiciando uma educação infantil mais lúdica e prazerosa. Desse modo, aprender pode e deve ser extremamente agradável e motivante para a criança.

3.6 O jogo como recurso didático na educação infantil e nas séries iniciais do ensino fundamental

Nas últimas décadas do século passado, a educação e a escola passaram por algumas mudanças e adequações em relação a vários aspectos: organização, currículos, espaço físico, entre outros.

A criança deixou de ser vista como um adulto em miniatura, e suas necessidades foram reconhecidas como diferenciadas das do adulto, entendendo-se, portanto, que sua educação escolar também teria que ser diferente. A partir daí, as preocupações de vários estudiosos da área estiveram voltadas para uma organização curricular específica que atendesse à educação das crianças.

Outra mudança foi em relação à formação dos professores, que passou a ser direcionada para o desenvolvimento do trabalho pedagógico com as crianças. Como consequência, a concepção da maioria dos educadores começou a mudar, e a criança tornou-se o centro do processo de ensino-aprendizagem. Paralelamente a esse processo, ocorreu a busca por metodologias que viessem ao encontro das novas necessidades e interesses dos alunos.

O jogo, então, passa a ser reconhecido pelos educadores como uma importante ferramenta didática, que pode auxiliar no encaminhamento da prática pedagógica de forma criativa, inovadora e, o mais importante, muito prazerosa para as crianças, aproximando, assim, o aprender e o brincar.

O jogo tem um papel muito importante no processo de desenvolvimento infantil, pois através de sua vivência a criança pode aprender de forma divertida, exercitando sua imaginação, fantasia e criatividade. O dia a dia na sala de aula pode ser sempre interessante, desafiador e surpreendente, envolvendo as crianças de tal forma que para elas o processo de aprender seja sempre cativante e fascinante. Nesse contexto, para Freire (2002, p. 7), "As relações entre jogo e educação, jogo e cultura, jogo e sociedade, jogo e processos de desenvolvimento da criança, jogo e vida são tecidas juntas".

Para utilizar o jogo como ferramenta didática, em todas as suas dimensões, o professor, ao organizar e planejar sua prática pedagógica, deve encaminhar e selecionar aqueles jogos que estiverem de acordo com os objetivos e os conteúdos que serão desenvolvidos. Dessa forma, sendo o jogo um recurso metodológico, alguns aspectos importantes devem ser considerados, tais como: seu grau de complexidade (para as crianças o jogo tem que ser de fácil compreensão e ter regras simples), o caráter desafiador, o interesse do aluno, o número de participantes, o espaço disponível e o material didático.

No desenvolvimento das atividades, o professor deve ter em mente quais objetivos pretende alcançar e ter claro que o jogo implica a realização de gestos e movimentos que serão executados em função dos objetivos propostos.

Em relação à aprendizagem, é importante destacar que a criança, ao participar do jogo, deve ser estimulada pelo educador, bem como ter suas iniciativas valorizadas. Para poder envolver-se e gostar do jogo, a criança precisa, primeiramente, conhecê-lo por completo, suas regras e seus limites, para assim poder dele usufruir, experimentando, investigando, explorando, manipulando, aprendendo, mas também tendo o prazer da descoberta e da realização pessoal.

Os PCN (Brasil, 1998) dão um destaque aos jogos como ferramenta didática e evidenciam que através da sua vivência há uma interação do sujeito com o objeto, possibilitando a atribuição de significados aos conteúdos por parte da criança. O documento também evidencia que o educador, ao utilizar os jogos como ferramenta, pode desenvolver sua prática pedagógica através de uma multiplicidade de propostas, trabalhando de forma multidisciplinar, com a possibilidade de abordar os temas transversais de modo significativo.

O jogo proporciona muitos benefícios à criança em relação ao seu desenvolvimento integral, sendo uma experiência fundamental e uma terapia imprescindível para a estimulação e a reeducação de suas habilidades concretas. Além disso, possibilita ao educador a aplicação de técnicas de comunicação social, que auxiliam a criança no desenvolvimento de habilidades e competências para interagir e comunicar-se melhor.

Aspectos metodológicos na aplicação do jogo

Na elaboração do planejamento, o professor deve considerar o contexto

– social, ambiental e cultural – no qual seus alunos estão inseridos, bem como o conhecimento que eles já têm sobre brincadeiras, jogos e outras atividades lúdicas, para então, a partir daquilo que já sabem, elaborar e sistematizar os diferentes conhecimentos que serão abordados nas aulas.

O educador, ao planejar e organizar sua prática pedagógica, deve selecionar as técnicas e as estratégias mais adequadas para a situação de ensino, tendo como objetivo maior viabilizar da melhor forma o processo de ensino-aprendizagem.

Para a utilização do jogo como recurso didático, é necessário que alguns encaminhamentos metodológicos sejam considerados pelo educador, a fim de que possa utilizar essa ferramenta fazendo uso de suas inúmeras possibilidades educativas.

Para isso, ele deve atentar também para alguns aspectos como: a natureza do lúdico (fins abrangentes e específicos, meios), as causas e os efeitos (respostas e encaminhamentos) e as formas adequadas de implementação (adaptação na escola, organização, planejamento, execução, análise de qualidade).

A sistematização do encaminhamento metodológico deve considerar as seguintes etapas para sua efetivação:
› organização e planejamento: caracterização dos alunos e do ambiente; adequação dos objetivos;
› preparação e formação dos participantes: conhecer as regras e fazer bom uso delas; alternar o comando para elaboração das regras; incentivar a cooperação; fornecer noções básicas de dinâmicas de grupo;
› execução das atividades lúdicas: explicar de forma clara e objetiva; demonstrar; elaborar roteiro; transmitir segurança; motivar;
› avaliação dos resultados (contínua): deve ser um processo que estuda e interpreta os conhecimentos, habilidades e atitudes dos alunos.

Para uma adequada aplicação dos jogos como ferramenta didática, é importante que o educador esteja atento a algumas atitudes que são importantes para o alcance dos objetivos pretendidos:
> ser um "guia" enquanto orienta e "juiz do jogo" quando dirige;
> durante o jogo, colocar-se de modo a não atrapalhar a movimentação dos jogadores;
> cuidar da postura e da voz;
> ser um animador, incentivador, desafiador;
> conduzir o jogo tendo em vista o(s) objetivo(s);
> observar e registrar o desempenho (cognitivo, motor, afetivo e social) de cada participante durante o desenvolvimento do jogo;
> discutir e analisar com os alunos o porquê do jogo e os seus efeitos, bem como as reações e as atitudes dos participantes;
> despertar segurança e oportunizar novos conhecimentos.

O educador deve também estar atento para os seguintes aspectos no intuito de facilitar e enriquecer sua prática pedagógica:
> propor regras e leis (e não apenas impor), possibilitando aos alunos o exercício de uma atividade política e moral de forma lúdica e prazerosa;
> permitir a troca de ideias para elaboração de regras, oferecendo oportunidades para a descentralização e a coordenação de diferentes pontos de vista;
> atribuir responsabilidades para fazer os alunos cumprirem as regras e inventar sanções e soluções;
> tornar possível para as crianças o ato de julgar, a fim de que selecionem qual regra deve ser aplicada;
> fomentar o desenvolvimento da autonomia;
> possibilitar ações físicas que motivem as crianças a serem mentalmente ativas

CASO DE ENSINO 4 – ATIVIDADES "ESPORTIVAS"

Os alunos da Escola "A" adoravam as aulas de educação física e tinham paixão pelo esporte, principalmente nas modalidades coletivas, como o basquete, o futebol e o vôlei. A professora Bianca*, de educação física, tinha grande responsabilidade sobre a preferência esportiva das crianças, pois também era uma apaixonada pelo esporte e transmitia isso para seus alunos. A sua preocupação maior era que todos participassem e que gostassem das atividades propostas. Nas aulas eles aprendiam sobre aspectos históricos de cada modalidade esportiva, bem como tinham oportunidades de discutir sobre o esporte nos dias atuais e os campeonatos, falar sobre os ídolos, assistir a vídeos e, claro, principalmente praticar, vivenciar e divertir-se. A professora ensinava desde os fundamentos básicos até o jogo propriamente dito. Às vezes atuava como árbitro, apitando as partidas, o que os alunos gostavam bastante, pois parecia realmente um campeonato, com a diferença de que todas as equipes jogavam o mesmo número de vezes, independentemente do resultado. A professora fazia revezamento dos times e marcava o tempo para que nenhuma equipe jogasse mais que a outra. Embora fossem jogos "pra valer", as regras eram selecionadas e combinadas entre todos antes do início das partidas. Algumas regras eram iguais às oficiais, outras eram adaptadas para que assim os jogos fossem mais equilibrados e tivessem mais emoção, pois todos podiam jogar e participar com entusiasmo.

Leitor, podemos olhar o jogo e a vida como um campo de exercício das potencialidades humanas, pessoais e coletivas, na perspectiva de solucionar problemas, harmonizar conflitos, superar crises e alcançar objetivos.

---

* Embora o nome utilizado aqui seja fictício, o caso relatado se refere a experiências e práticas educacionais vivenciadas pelos autores desta obra.

3.7 Jogos cooperativos

Valores humanos, relações interpessoais qualitativas, educação para a paz, jogos cooperativos, entre outros, são temas cada dia mais presentes nos debates em torno da educação. Por isso, é fundamental discuti-los e buscar suas bases teóricas, para não correr o risco de reproduzir as mesmas ações apenas com nomes diferentes. Nesse tópico, vamos refletir sobre questões relativas ao lúdico presente em ações com caráter cooperativo e solidário, aspectos fundamentais no século XXI, bem como sobre a importância da análise e do planejamento de ações estruturadas, visando estabelecer uma pedagogia das relações humanas para a vida pessoal, educacional e do trabalho, através da ludicidade e dos jogos cooperativos. Tais ações fazem uma interface com dimensões relacionadas ao lazer (enquanto ludicidade) e à saúde (enquanto busca de equilíbrio).

No Brasil, os jogos cooperativos estão cada vez mais conhecidos, tanto na teoria, com a vasta produção acadêmica (livros, artigos, cursos de especialização) e a realização de inúmeros congressos, quanto na prática do cotidiano em que os jogos cooperativos são utilizados com grupos diferenciados (terceira idade, empresas e escolas) como forma de contribuir para a melhoria das relações humanas de crianças, adultos e idosos.

Muito tem sido discutido sobre a importância do lúdico no desenvolvimento do ser humano. Basicamente, argumenta-se que o lúdico auxilia no desenvolvimento porque provoca mudanças substanciais nas relações interpessoais, que, por sua vez, podem mudar as relações intrapessoais.

Conforme Negrine (2001, p. 28-29), o comportamento lúdico não é herdado, e sim adquirido por meio de aprendizagem, a qual não acontece só na escola, mas em todos os ambientes que possam gerar mediações pedagógicas: "a atividade lúdica serve de mediação entre o mundo relacional e o mundo simbólico, mundos nos quais se insere todo o comportamento humano".

Para Olivier (1999, p. 21), quando falamos em lúdico, temos que entendê-lo como alegria, espontaneidade. Para isso, devemos repensar os parâmetros da racionalidade, concebendo uma ideia diferente, a da "lógica do ser feliz agora, de construir o futuro (e não o de preparar-se para o dia em que ele despencará em nossas cabeças), do resolver o velho e construir o novo".

Na sociedade atual, Carvalho (1999, p. 31) afirma que é necessário "reencontrar o lúdico, entender seu valor revolucionário, torna-se imperativo se se deseja preservar os valores humanos do homem." Acabamos, muitas vezes, sofrendo o efeito de atitudes dominadoras diariamente e tornando-nos rivais uns dos outros no trânsito, no supermercado, no trabalho, na fila e, até mesmo, nas escolas, dentro e fora da sala de aula, ou pior, dentro de nossas casas, onde a harmonia deveria prevalecer.

Não podemos deixar de lado a ciência de que a competição existe; até precisamos dela, mas não como a estamos usando. Onde deveríamos apenas participar ou compartilhar está presente a rivalidade, e tudo à nossa volta acaba pautando-se na "lei do mais forte" e no "que vença o melhor". Com esse caminho, estamos criando uma sociedade dividida entre perdedores e ganhadores, em que, se vencemos, tudo está ótimo, somos melhores que os outros, mas, se perdemos, somos excluídos, não fazemos parte da elite e, assim, terminamos por ser deixados à margem dos espaços onde construímos nossa vida (família, educação, trabalho).

Nessa lógica, podemos argumentar que, valorizando a competição e o vencer a qualquer custo, estamos criando adversários. Isso acaba sendo reproduzido continuamente na sociedade, nas pequenas atitudes cotidianas. O discurso do ser humano integral, livre, solidário, responsável e cooperativo continua ainda muito distante das ações no mundo real.

Segundo Soler (1999), podemos supor que a vitória não depende da derrota dos outros, que temos condições de ser competentes sem destruir o outro, aprendendo a compartilhar as nossas habilidades e notando que todas são importantes dentro do jogo e da vida. Assim, o jogo cooperativo tem o poder de transformar e contribuir para uma mudança de cultura:

> *podemos escolher um jogo, em que o confronto, a separação, a desconfiança, a rivalidade e a exclusão estão presentes. Ou temos uma nova escolha a fazer, em que predominam a confiança mútua, a descontração, a solidariedade, a cooperação, a vitória compartilhada e a vontade de continuar jogando para ganhar com o outro.* (Soler, 1999, p. 25)

Os jogos cooperativos têm como característica integrar todos, de modo a ninguém se sentir discriminado, colocando a cooperação em primeiro lugar, e não o desejo de vencer.

Para Teixeira e Lannes (2002, p. 4-5), existem duas crenças que a sociedade criou e que alicerçam seu modelo econômico: a crença na abundância e a crença na escassez. Na primeira, acredita-se que existe o suficiente para se atender a todos, não é necessário competir entre si, o potencial de recursos não é limitado, e a sobrevivência e o conforto estão garantidos. Na segunda crença, acredita-se que os recursos são limitados e nem todos podem ser atendidos, validando a lei do mais forte, segundo a qual os mais adaptados sobrevivem e os mais vulneráveis são eliminados. Nesse caso, a adaptabilidade geralmente é entendida como recursos econômicos, sendo que, para que uma pessoa consiga sucesso econômico, é necessário que lhe sejam dadas condições para sua inclusão nesse cenário por meio de educação de qualidade.

Muitos estudos argumentam que os jogos em grupos repetem e perpetuam modelos globais da sociedade, principalmente os referentes a suas crenças e valores. Segundo Orlick, citado por Soler (1999),

> *quando participamos de determinado jogo, fazemos parte de uma minissociedade, que pode nos formar em direções variadas. Uma vez formados pelas regras, pelas reações dos outros, pelas recompensas e*

punições, tornamo-nos parte do jogo e começamos a formar outros. Dessa forma o jogo ganha vida e poder independente dos jogadores. Em vez de criar minissociedades ou jogos, que refletem de forma pura a competitividade, a desonestidade e a cobiça da sociedade maior; por que não desenvolver jogos que criem uma miniatura de utopias em que gostaríamos de viver? Por que não criar e participar de jogos que nos tornem mais cooperativos, honestos e atenciosos para com os outros? Por que não usar o poder transformador dos jogos para ajudar a nos tornarmos o tipo de pessoa que realmente gostaríamos de ser?

Como podemos observar, o jogo vai muito além do que pode ser visto no plano físico, sendo que a forma como os jogadores se comportam reflete a maneira como jogam o jogo da vida.

De acordo com Falcão (2002, p. 6), o ser humano organiza suas ações em quatro planos: o plano físico – no qual acontece tudo o que se refere ao nosso corpo e à nossa energia vital; o plano emocional – no qual acontecem os sentimentos, as emoções, os relacionamentos, a vida social e afetiva; o plano mental – no qual temos ideias, pensamentos, fazemos planos para o futuro e tentamos encontrar a solução para os nossos problemas; o plano espiritual* – a nossa conexão com o universo. Cada pessoa tem um desses planos mais desenvolvidos e, quando joga (o jogo cooperativo, o competitivo ou o jogo da vida), um ou outro desses aspectos se destaca.

As características práticas dos jogos cooperativos podem aguçar sensibilidades e competências, como pensar, criar, tocar, ver, mover-se etc. São versáteis, com regras flexíveis e, por isso, adaptam-se a todo

---

* O plano espiritual não tem a ver necessariamente com religião, embora a religião faça parte dele. Relaciona-se com as nossas maiores buscas, com o querer saber o que estamos fazendo aqui, por que estamos vivos e com a busca da nossa sabedoria interior, no sentimento de "pertencer", de saber que estamos fazendo exatamente o que viemos fazer aqui.

tipo de pessoas, grupos, espaços e competências.

Nos jogos cooperativos, a aprendizagem pode ocorrer de duas maneiras: aprendizagem indutiva – na qual o professor passa o conhecimento e demonstra-o com a prática – e aprendizagem dedutiva – na qual o professor aplica um jogo cooperativo e faz os demais deduzirem o conceito através do jogo.

Conforme Orlick (1989), podemos aproveitar um jogo competitivo e torná-lo cooperativo por meio da demonstração dos conceitos presentes no jogo, como derrota, sucesso, ansiedade, amizade, aceitação, companheirismo, respeito etc. Mas isso tudo depende do modo como apresentamos o jogo e da didática de quem aplica (professor).

Atividades físicas cooperativas definem-se como atividades coletivas nas quais os objetivos são compartilhados para que se busque um resultado, podendo ser objetivos quantitativos (todos ganham e todos perdem em função de o grupo alcançar ou não o objetivo proposto) e objetivos não quantitativos (não há ganhadores nem perdedores, pois todos colaboram entre si).

Portanto, valorizar a introdução dessas ações cooperativas nos programas educativos desenvolve nos educandos condutas de cooperação, solidariedade, aceitação e resolução pacífica de conflitos.

Como síntese de nosso pensamento, valemo-nos de Orlick, citado por Brotto (1997, p. 23):

> *Dar uma contribuição ou fazer uma coisa bem simplesmente não exige a derrota ou a depreciação de outra pessoa. Pode-se ser extremamente competente, tanto física como psicologicamente, sem jamais prejudicar ou conquistar o outro. Muitas pessoas ainda acreditam que, para 'vencer' ou 'ter sucesso', é preciso ser um feroz competidor e quebrar as regras. Muitas pessoas parecem achar que para ensinar as crianças a viver e prosperar na sociedade é necessário prepará-las para serem competitivas e tirar vantagem dos outros, antes que os outros o façam.*

Considerando as questões levantadas, podemos definir algumas

possibilidades diferenciadas que os jogos cooperativos nos apontam:
- metodologia interessante e adequada para o ensino de ações mais solidárias, cooperativas e autônomas;
- interfaces positivas com propostas ligadas aos valores humanos e à educação para a paz;
- foco muito forte ligado à educação física, aos esportes e à educação escolar;
- contribuição para repensar práticas pedagógicas tradicionais.

Além dessas possibilidades, encontramos também alguns limites:
- teoria ainda difusa, portanto são necessários mais estudos de caráter pedagógico;
- falta de critérios para diferenciar jogos cooperativos de jogos recreativos tradicionais;
- instrumentalização dos jogos, que se transformam em brincadeiras no universo das empresas ou em grupos de terceira idade, entre outros.

Como vimos, ainda existem muitos pontos a avançar para melhorar a percepção e a utilização dos jogos cooperativos de maneira positiva na educação.

Características e possibilidades dos jogos cooperativos

O jogo é reconhecido como uma atividade educativa que oferece possibilidades para o desenvolvimento humano. Nesse sentido, jogar é uma oportunidade aberta, não determinada, para um aprender relativo, tem uma intencionalidade subjacente, e sua configuração está relacionada a valores, princípios, crenças e estruturas. Acreditamos que o jogo é um meio de propiciar o desenvolvimento integral do ser humano e o aprimoramento de sua qualidade de vida.

Nesse sentido, os jogos cooperativos oferecem aos educadores inúmeras possibilidades educativas e enriquecedoras, não se tratando apenas de mais outro tipo de jogo, mas de uma concepção diferenciada em relação a sua aplicabilidade e vivência (encaminhamento metodológico). Concordamos com Deacove, citado por Brotto, quando menciona que os jogos cooperativos são jogos com uma estrutura alternativa, em que os participantes "jogam uns com os outros, ao invés de uns contra os outros" (Brotto, 2001, p. 54). Os jogos cooperativos possibilitam, principalmente, o exercício da convivência e da cooperação, bem como o aperfeiçoamento das habilidades de relacionamento.

É importante conhecermos algumas características dos jogos cooperativos destacadas por Brotto (Brotto, 2001, p. 54-55):

> joga-se para superar desafios, e não para derrotar os outros;
> joga-se para gostar do jogo, pelo prazer de jogar;
> o esforço cooperativo é necessário para se atingir um objetivo comum, e não para fins mutuamente exclusivos;
> o outro é considerado um parceiro, um solidário, e não um adversário;
> os interesses são mútuos, e a integridade de todos é priorizada;
> o jogo é um processo, aprende-se a reconhecer a própria autenticidade e a expressá-la de forma espontânea e criativa.

Quando falamos de jogo, seja ele qual for, não podemos deixar de considerar que sua prática está permeada por situações competitivas e cooperativas, inclusive nos jogos cooperativos. A diferença é que nestes a cooperação é sempre mais evidenciada que a competição. Destacamos a seguir algumas das principais características que estão presentes quando essas situações permeiam o jogo.

Situação predominantemente cooperativa:
> atingir objetivos está relacionado com a ação dos outros;
> os participantes são sensíveis às solicitações dos outros;
> ajudam-se mutuamente;
> há maiores contribuições e participações;
> a produtividade qualitativa é maior.

Situação predominantemente competitiva:
- atingir objetivos é incompatível com a obtenção dos objetivos dos outros;
- os participantes são menos sensíveis às solicitações dos outros;
- ajudam-se pouco;
- poucas contribuições e participações;
- a produtividade qualitativa é menor.

Portanto, podemos dizer que, em uma situação na qual a cooperação é predominante, os objetivos são comuns, as ações, compartilhadas e os benefícios, para todos. Por outro lado, quando é a competição que prevalece, os objetivos são exclusivos; portanto, as ações são individualizadas e os benefícios, apenas para alguns.

Como vimos ao longo deste capítulo, os jogos são elementos educacionais importantes. O caso a seguir mostra uma proposta de desenvolver um trabalho com jogos cooperativos, uma metodologia que tem buscado nos diferentes jogos seu caráter de colaboração, de construção de relações positivas, a não-rivalização, entre outras características fundamentais previstas para a educação atual.

CASO DE ENSINO 5 – COOPERAÇÃO ATRAVÉS DO MOVIMENTO

Certo dia, a professora Sônia* estava caminhando pela escola no horário do recreio e ficou observando os alunos. Ela viu que, sempre que as crianças estavam em algum jogo, especialmente aqueles com bola, havia brigas, discussões, que acabavam gerando violência. Ela percebeu que, dos 20 minutos de recreio, mais da metade do tempo era gasto com discussões do tipo: "Foi falta! Não foi!" ou "O erro foi seu! Não, foi seu!" e assim por diante.

---

* Embora o nome utilizado aqui seja fictício, o caso relatado se refere a experiências e práticas educacionais vivenciadas pelos autores desta obra.

Algumas vezes, a professora ficava como "juíza" do jogo, mas então as reclamações eram sobre ela: "A professora não sabe apitar!". Refletindo sobre isso, Sônia lembrou que já tinha ouvido falar de jogos que tinham características cooperativas: solidariedade, convivência, autonomia e cooperação.

Sobre os jogos cooperativos

Brotto (1997, p. 126), referindo-se aos jogos na educação, menciona que "um novo paradigma surge, e com ele mudanças, pois o antigo paradigma promovia a agressão e a competitividade sem limites, e o novo promove a cooperação e os valores humanos, transcendendo as vitórias".

Segundo Brown, citado por Soler (1999, p. 25),

A interação cooperativa com os outros é necessária para o desenvolvimento da autoestima, da confiança e da identidade pessoal, que são elementos importantes para o bem-estar psicológico. Se o jogo tem presentes os valores de solidariedade e de cooperação, começamos a descobrir a capacidade que cada um de nós tem para sugerir ideias.

Pensando nesses argumentos, a professora conversou com os colegas e a equipe pedagógica sobre uma proposta diferenciada na escola. Propôs que fossem realizadas atividades cooperativas. Explicou aos colegas que os jogos cooperativos procuram potencializar aspectos positivos, como a convivência, a interação e a harmonia.

Algumas professoras acharam a ideia meio estranha, alegando que as crianças estavam "acostumadas" a jogar com confrontos, brigas e que o mundo era assim mesmo. Foi contra esses argumentos que a professora Sônia e outros colegas intervieram, questionando se realmente as crianças gostavam dos jogos competitivos ou se apenas estavam "acostumadas" a eles.

No início, os alunos disseram que gostavam, mas, à medida que a professora conversava sobre confusões e brigas, os alunos mencionaram que realmente, muitas vezes, os jogos ficavam chatos, porque havia muita discussão e pouco jogo. Aqui vale uma ressalva: a professora Sônia percebeu que alunos com postura mais agressiva na sala de aula foram os que defenderam o jogo competitivo (mais agressivo e violento).

Em nova reunião com as professoras e a equipe pedagógica, foi unânime a ideia de que grande parte das crianças gostaria de experimentar jogos mais cooperativos. Assim, a decisão foi realizar uma grande gincana cooperativa, na qual os alunos, através de suas ações, gestos e movimentos, demonstrariam aos colegas a possibilidade da não-violência nas relações, a tolerância e a solidariedade.

O primeiro passo foi mobilizar todas as turmas em prol de objetivos comuns, como a interação de todos. Para isso, foram criadas equipes que integravam participantes de diferentes idades: crianças de dez, nove, oito e sete anos, com as mais velhas sendo as responsáveis pelo grupo.

Na semana que antecedeu a gincana, foram feitas reuniões com os pais para comunicar-lhes os objetivos e fortalecer a importância da cooperação no mundo atual. Eles também foram convidados a participar, e todos aprovaram a ideia.

No dia da gincana, as crianças, já organizadas em equipes (todas com nomes de valores humanos, como respeito, felicidade, solidariedade etc.), iniciaram as atividades criando uma frase (relacionada ao valor do nome da equipe) que seria o lema do grupo. Em seguida, em conjunto com os pais e utilizando tinta, pintaram um desenho relativo ao tema no muro da escola. Já nessas duas primeiras atividades, as professoras perceberam alguns aspectos muito importantes:
> muitos pais tinham vergonha de brincar com os filhos, mas, à medida que participavam, ficavam mais soltos;
> as próprias crianças tinham receio de brincar com os pais, mas também, no decorrer das atividades, foram acostumando-se à nova experiência.

A terceira atividade foi limpar a escola e seu entorno. Cada grupo tinha sacos de lixo e foi ao trabalho (lembrando-se sempre de separar o lixo orgânico do inorgânico). Ao término das três provas, todos foram reunidos para falar da pontuação. Para surpresa de muitos pais que esperavam julgamento sobre os lemas, os desenhos e a quantidade de lixo arrecadado, as próprias crianças falaram: "Vejam que bonitos os desenhos!"; "Vejam como tudo está limpo!"; "Alguém precisa ganhar?"; "Todos nós somos vencedores!". Todos concordaram, e a comunidade, cooperando, foi a grande vencedora. Feito isso, terminaram a gincana novamente no grande círculo, cantando juntos uma música especial: "Parabéns pra você". Afinal, a gincana era no dia do aniversário da escola. Por fim, todos se abraçaram, porque eram parte da mesma família, a escola. Nas semanas seguintes, muitas ideias foram resgatadas com os alunos: os valores humanos, o entendimento de que o corpo e sua linguagem são fundamentais na vida e na comunicação entre as pessoas e o fato de que a escola pode proporcionar isso de maneira pedagógica e lúdica.

considerações finais

Ao encerrarmos este trabalho, gostaríamos de remeter o leitor a alguns pontos que consideramos importantes durante nossas conversas, leituras, discussões, aproximações e divergências de ideias, e cuja transposição para a escrita até chegar à versão final demorou dias incansáveis, mas, acreditamos, gratificantes.

Elaborar uma obra requer concentração e determinação, mas ao mesmo tempo lucidez de ideias e posicionamentos. Decididos a escrever sobre o tema **pedagogia do movimento: o universo lúdico e a psicomotricidade**, muitas imagens perpassaram nosso horizonte, mas o ponto central esteve sempre presente – a formação do professor, a criança e o seu envolvimento com a aprendizagem por meio do lúdico, considerando-se os jogos, as brincadeiras, o brinquedo e também os jogos cooperativos.

Não seria pertinente falar da criança que frequenta a educação infantil e as séries iniciais do ensino fundamental sem refletir sobre a formação do professor que atua nesse espaço; isso seria uma falha, já que todos os posicionamentos relatados nos capítulos são expressões das nossas práticas enquanto docentes da educação básica.

Portanto, entendemos que as questões abordadas no transcorrer deste estudo são mais um espaço que se abre para repensarmos nossas atuações no cotidiano escolar e, por que não dizer, mais especificamente, no cotidiano da sala de aula. Assim, optamos por permear os capítulos com relatos de casos de ensino, que julgamos ser a metodologia mais próxima da realidade da escola, pois são vivências reais, e não fictícias.

Esperamos ter oportunizado aos professores(as), ao longo dos vários momentos da leitura desta obra, um olhar mais atento e cauteloso para a psicomotricidade e para o lúdico que envolve os jogos e as brincadeiras, tratando desse tema, por que não dizer, com maior qualidade e competência.

Fazemos aqui referência a Garófano e Caveda (2005, p. 82-83), que vêm colaborar com nossas ideias ao chamar a atenção para a necessidade de levarmos a efeito encaminhamentos metodológicos diferenciados quando tratamos da educação de crianças. Nesse sentido, esses autores evidenciam os benefícios que o aluno pode ter se o professor considerar a ludicidade como eixo norteador da sua prática pedagógica:

> *a elaboração de uma metodologia lúdica [...] poderá garantir que a criança: explore e seja capaz de descrição; aproveite a recreação; desenvolva sua imaginação; impulsione sua capacidade criadora; exteriorize pensamentos, impulsos e emoções; realize coisas que não poderá fazer no mundo adulto; familiarize-se com as normas; melhore suas faculdades gerais; consiga maior equilíbrio emocional; tenha interesse em aprender; relacione suas aprendizagens com a vida cotidiana; desenvolva harmonicamente suas áreas cognitiva, afetiva, psicossexual e social; aprenda conceitos de uma forma não-traumática; aprenda atitudes e valores para a paz, solidariedade e convivência; e, por fim, aproveite o conhecimento que lhe ajudamos a construir para ser feliz.*

Portanto, se pensarmos, literalmente, como os referidos autores, devemos nos perguntar por que no cotidiano da sala de aula, às vezes, instauramos uma dicotomia: agora é hora de estudar..., agora é hora de brincar... Será que não seria urgente repensarmos a escola e a sala de aula como espaço para a criança aprender sim, mas também para brincar, criar, descobrir, interagir? O que você, leitor, pensa a respeito?

Suas respostas, com certeza, dariam boas discussões. Então, caro leitor, se você estiver atuando na sala de aula, relate seus casos de ensino, aproveite suas experiências nesse contexto, levante seus questionamentos, argumente, debata, posicione-se, enfim, participe conosco das reflexões que no decorrer da obra foram evidenciadas. Acreditamos no olhar e nas ações diferenciadas no âmbito da sala de aula.

E, assim, encerramos com uma reflexão, pedindo licença para citar parte de um texto cujo autor não nos vem à memória:

> *O importante é que nossas crianças encontrem, durante o processo de aprendizagem, a autoconfiança para pular os baixos obstáculos impostos pela vida, ao mesmo tempo em que seus olhos estejam voltados para os desafios de pular as altas barreiras, sem perder a alegria e o contentamento [...], ao mesmo tempo em que possamos ajudá-las a dar conta de que o aprendizado da vida não termina no final do dia.*

referências

AGUIAR, J. S. **Jogos para o ensino de conceitos**: leitura e escrita na pré-escola. 4. ed. Campinas: Papirus, 2002.

AJURIAGUERRA, J. **Manual de psiquiatria infantil**. São Paulo: Masson, 1983.

ALARCÃO, I. Formação continuada como instrumento de profissionalização docente. In: VEIGA, I. P. A. (Org.). **Caminhos da profissionalização do magistério**. Campinas: Papirus, 1998.

ALMEIDA, A. C. P. C. de; SHIGUNOV, V. A atividade lúdica infantil e suas possibilidades. **Revista da Educação Física/UEM**. Maringá, v. 11, n. 1, 2000. Disponível em: <www.def.uem.br/revista_11/revista_11012000/010_Shigunov.doc>. Acesso em: 11 nov. 2006.

ALMEIDA, P. N. **Educação lúdica**: técnicas e jogos pedagógicos. 6. ed. São Paulo: Loyola, 1990.

ANTUNES, C. **A construção do afeto**. São Paulo: Augustus, 1999.

ARANDA, J. S.; CASES, R. S. **1099 exercícios em circuito**. Rio de Janeiro: Sprint; São Paulo: Zamboni, 2002.

ARRIAGADA, M. V.; TORRES, M. R. **Psicomotricidade vivenciada**: uma proposta metodológica para trabalhar em aula. Blumenau: Edifurb, 2002.

ASSMANN, H. **Paradigmas educacionais e corporeidade**. Piracicaba: Unimep, 1995.

_____. **Reencantar a educação**: rumo à sociedade aprendente. Petrópolis: Vozes, 1998.

BENJAMIN, W. **Reflexões**: a criança, o brinquedo, a educação. São Paulo: Summus, 1984.

BERTHERAT, T.; BERNSTEIN, C. **O corpo tem suas razões**. São Paulo: Martins Fontes, 1977.

BRASIL. Ministério da Educação. Secretaria do Ensino Fundamental. **Parâmetros Curriculares Nacionais**. Brasília: MEC/SEF, 1998.

_____. **Referencial Curricular Nacional para a Educação Infantil**. Brasília: MEC/SEF, 1998.

BROTTO, F. O. **Jogos cooperativos**: se o importante é competir, o fundamental é cooperar. Santos: Re-novada, 1997.

_____. **Jogos cooperativos**: o jogo e o esporte como um exercício de convivência. Santos: Projeto Cooperação, 2001.

BRUHNS, H. T.; GUTIERREZ, G. L. (Org.). **O corpo e o lúdico**: ciclo de debates lazer e motricidade. Campinas: Autores Associados, 2000.

BUSETTI, G. R. **Saúde e qualidade de vida**. São Paulo: Peirópolis, 1998.

CARVALHO, L. M. G. A atividade lúdica no processo terapêutico. In: MARCELLINO, N. G. (Org.). **Lúdico, educação e educação física. Ijuí**: Unijuí, 1999.

CELANO, S. **Corpo e mente em educação**: uma saída de emergência. Petrópolis: Vozes, 1999.

CHATEAU, J. **O jogo e a criança**. São Paulo: Summus, 1987.

CHAZAUD, J. **Introdução à psicomotricidade**: síntese dos enfoques e dos métodos. São Paulo: Manole, 1987.

COBRA, N. **A semente da vitória**. São Paulo: Senac, 2001.

COSTE, J. C. **A psicomotricidade**. 2. ed. Rio de Janeiro: Zahar, 1978.

DELORS, J. **Educação**: um tesouro a descobrir. São Paulo: Cortez; Brasília: MEC: Unesco, 1998.

DEMO, P. **Desafios modernos da educação**. Petrópolis: Vozes, 1997.

FAGAN, J.; SHEPHERD, I. L. (Org.). **Gestalt-terapia**: teoria, técnicas e aplicações. 3. ed. Rio de Janeiro: Zahar, 1977.

FALCÃO, P. Os quatro planos do jogo. **Revista Jogos Cooperativos**, Sorocaba, SP, ano 2, n. 2, out./nov. 2002.

FINCK, S. C. M. **Educação física e esporte**: uma visão na escola pública. 1995. Dissertação (Mestrado em Educação)–Setor de Pós-Graduação, Universidade Metodista de Piracicaba, Piracicaba, 1995.

FONSECA, V. da. **Manual de observação psicomotora**: significação psiconeurológica dos fatores psicomotores. Porto Alegre: Artes Médicas, 1995.

FREIRE, J. B. **De corpo e alma**: o discurso da motricidade. São Paulo: Summus, 1993.

_____. **Educação de corpo inteiro**: teoria e prática da educação física. São Paulo: Scipione, 1989.

_____. **O jogo**: entre o riso e o choro. Campinas: Autores Associados, 2002.

FREIRE, P. **Pedagogia da autonomia**: saberes necessários à prática educativa. Rio de Janeiro: Paz e Terra, 1996.

FREITAS, G. G. de. **O esquema corporal, a imagem corporal, a consciência corporal e a corporeidade**. Ijuí: Unijuí, 1999.

GARÓFANO, V. V.; CAVEDA, J. L. C. O jogo no currículo da educação infantil. In: MURCIA, J. A. M. (Org.). **Aprendizagem através do jogo**. Porto Alegre: Artmed, 2005.

GATTI, B. A. A formação dos docentes: o confronto necessário professor X academia. **Cadernos de Pesquisa**. São Paulo, Fundação Carlos Chagas, n. 81, p. 70-74, maio 1992.

GROTBERG, E. Introdução: novas tendências em resiliência. In: MELILLO, A. et al. **Resiliência**: descobrindo as próprias fortalezas. Porto Alegre: Artmed, 2005.

HUIZINGA, J. **Homo ludens**: o jogo como elemento da cultura. 2. ed. São Paulo: Perspectiva, 1980.

HURTADO, J. G. G. M. **Glossário básico de psicomotricidade e ciências afins**. Curitiba: Educa, 1983.

KISHIMOTO, T. M. **Jogos infantis**: o jogo, a criança e a educação. 4. ed. Petrópolis: Vozes, 1993.

LANNES, L. Revisando nossos valores. **Revista Jogos Cooperativos**, Sorocaba, SP, ano 2, n. 5, ago./set. 2003.

LAPIERRE, A. **A reeducação física: cinesiologia**, reeducação postural, reeducação psicomotora. 6. ed. São Paulo: Manole, 1982.

LE BOULCH, J. **Rumo a uma ciência do movimento humano**. Porto Alegre: Artes Médicas, 1987.

MANHÃES, R. B. **Psicomotricidade**. Lins: Faculdades Salesianas, 2003. Transparências.

MARCELLINO, N. C. Lúdico e lazer. In:_____. (Org.). **Lúdico, educação e educação física**. Ijuí: Unijuí, 1999.

MARCOVITCH, J. **A universidade (im)possível**. São Paulo: Futura, 1998.

MARINHO, H. R. B. **Formação profissional em educação física**: possibilidades de um redimensionamento curricular. Ponta Grossa, 2001. Dissertação (Mestrado em Educação) – Setor de Ciências Humanas, Letras e Artes, Universidade Estadual de Ponta Grossa.

_____ et al. **Pluralidade de linguagens**: uma realidade na vida e no contexto educacional. Ponta Grossa: UEPG, 2005.

MARTINELLI, M. **Aulas de transformação**: o programa de educação em valores humanos. São Paulo: Peirópolis, 1996.

MASSON, S. **Generalidades sobre a reeducação psicomotora e o exame psicomotor**. São Paulo: Manole, 1985.

MATOS, M. G. **Corpo, movimento e socialização**. Rio de Janeiro: Sprint, 1994.

MELILLO, A.; ESTAMATTI, M.; CUESTAS, A. Alguns fundamentos psicológicos do conceito de resiliência. In: MELILLO, A. et al. **Resiliência**: descobrindo as próprias fortalezas. Porto Alegre: Artmed, 2005.

MELLO, A. M. de. **Psicomotricidade, educação física e jogos infantis**. São Paulo: Ibrasa, 1989.

_____. _____. 2. ed. São Paulo: Ibrasa, 1993.

MUTSCHELE, M. S. **Como desenvolver a psicomotricidade?** São Paulo: Loyola, 1988.

NEGRINE, A. **O corpo na educação infantil**. Caxias do Sul: Educs, 2002.

_____. **Recreação na hotelaria**: pensar e fazer o lúdico. Caxias do Sul: Educs, 2001.

OLIVIER, G. G. F. Lúdico e escola: entre a obrigação e o prazer. In: MARCELLINO, N. C. (Org.). **Lúdico, educação e educação física**. Ijuí: Unijuí, 1999.

ORLICK, T. **Vencendo a competição**. São Paulo: Círculo do Livro, 1989.

PEREIRA, I. L. L.; HANNAS, M. L. **Nova prática pedagógica**: propostas para uma nova abordagem curricular. São Paulo: Gente, 2000.

PETRY, R. **Educação física e alfabetização**. Porto Alegre: Kuarup, 1986.

RESTREPO, L. C. **O direito à ternura**. Petrópolis: Vozes, 1998.

RIBAS, M. H. **Construindo a competência**: processo de formação de professores. São Paulo: Olho d'água, 2000.

ROSA NETO, F. **Manual de avaliação motora**. Porto Alegre: Artmed, 2002.

SANTIN, S. **Educação física**: uma abordagem filosófica da corporeidade. Ijuí: Unijuí, 1987.

SANTOS, C. A. **Jogos e atividades lúdicas na alfabetização**. Rio de Janeiro: Sprint, 1998.

SANTOS, S. M. P. **Brinquedo e infância**: um guia para pais e educadores em creche. 2. ed. Petrópolis: Vozes, 2000.

SOCIEDADE BRASILEIRA DE PSICOMOTRICIDADE. **Histórico**. Disponível em: <http://www.sbp.org.br/histórico>. Acesso em: 23 jun. 2006.

SOLER, R. **Jogos cooperativos**. Rio de Janeiro: Sprint, 1999.

TAVARES, J. (Org.). **Resiliência e educação**. São Paulo: Cortez, 2001.

TEIXEIRA, M.; LANNES, L. Os jogos cooperativos e a construção de valores positivos para nossa sociedade. **Revista Jogos Cooperativos**, Sorocaba, ano 2, n. 2, p. 4-5, out./nov. 2002.

VIANA, A. R.; MELO, W. A. de; VIANA, E. A. **Coordenação psicomotora**. Rio de Janeiro: Sprint, [s.d.].

WEIL, P. **A mudança de sentido e o sentido da mudança**. Rio de Janeiro: Rosa dos Ventos, 2000.

_____.; TOMPAKOW, R. **O corpo fala**. Petrópolis: Vozes, 2001.

YUS, R. **Educação integral**: uma educação holística para o século XXI. Porto Alegre: Artmed, 2002.

sobre os autores

Hermínia Regina Bugeste Marinho é graduada em Educação Física pela Faculdade de Filosofia, Ciências e Letras de Arapongas (Faficla-PR), especialista em Educação Física Escolar e mestre em Educação pela Universidade Estadual de Ponta Grossa (UEPG). Professora aposentada da rede pública de ensino do Estado do Paraná, atualmente compõe o quadro de docentes do Departamento de Métodos e Técnicas de Ensino da UEPG, hoje sob sua chefia, e é membro do Núcleo de Ludicidade e Jogos Cooperativos (Ludco/UEPG) e do Grupo de Estudo e Pesquisa em Educação Física Escolar e Formação de Professores (Gepefe/UEPG/CNPq). É co-autora de trabalhos na área publicados pelo MEC, pela UEPG e pela Seed-PR.

Moacir Ávila de Matos Junior é graduado em Educação Física pela Universidade Estadual de Ponta Grossa (UEPG), especialista em Psicomotricidade pela Universidade Federal do Paraná (UFPR) e mestre em Educação pela Universidade Estadual de Campinas. Atualmente, é professor do Departamento de Métodos e Técnicas de Ensino e membro do Núcleo de Ludicidade e Jogos Cooperativos (Ludco/UEPG) e do Grupo de Estudo e Pesquisa em Educação Física Escolar e Formação de Professores (Gepefe/UEPG/CNPq). É co-autor de trabalhos na área publicados pelo MEC e pela Seed-PR.

Nei Alberto Salles Filho é graduado em Educação Física pela Universidade Estadual de Ponta Grossa (UEPG), especialista em Pedagogia do

Esporte e Ciência da Educação Motora pela mesma instituição e mestre em Educação pela Universidade Metodista de Piracicaba (Unimep). Atualmente, é professor do Departamento de Métodos e Técnicas de Ensino da UEPG e membro do Núcleo de Ludicidade e Jogos Cooperativos (Ludco/UEPG) e do Grupo de Estudo e Pesquisa em Educação Física Escolar e Formação de Professores (Gepefe/UEPG/CNPq). É co-autor de trabalhos na área publicados pelo MEC, pela UEPG e pela Seed-PR.

Silvia Christina Madrid Finck é graduada em Educação Física pela Universidade Estadual de Ponta Grossa (UEPG), especialista em Educação Física Escolar, em Metodologia do Ensino Superior e em Teorias e Métodos de Pesquisa pela mesma instituição, mestre em Educação na área de Educação Motora pela Universidade Metodista de Piracicaba (Unimep) e doutora em Ciência da Atividade Física e do Esporte pela Universidade de Leon (Unileon/Espanha). Professora aposentada da rede pública de ensino do Estado do Paraná, atualmente, é docente do Departamento de Métodos e Técnicas de Ensino da UEPG e membro do Núcleo de Ludicidade e Jogos Cooperativos (Ludco/UEPG) e do Grupo de Estudo e Pesquisa em Educação Física Escolar e Formação de Professores (Gepefe/UEPG/CNPq). Atua também como docente no Programa de Pós-Graduação – Mestrado em Educação da UEPG. É autora e co-autora de trabalhos na área publicados pelo MEC e pela UEPG.

Os papéis utilizados neste livro, certificados por instituições ambientais competentes, são recicláveis, provenientes de fontes renováveis e, portanto, um meio **respons**ável e natural de informação e conhecimento.

FSC
www.fsc.org
MISTO
Papel | Apoiando
o manejo florestal
responsável
FSC® C103535

Impressão: Reproset